台灣鄒族的風土神話

讓傳統文化立足世界舞台

——《協和台灣叢刊》發行人序

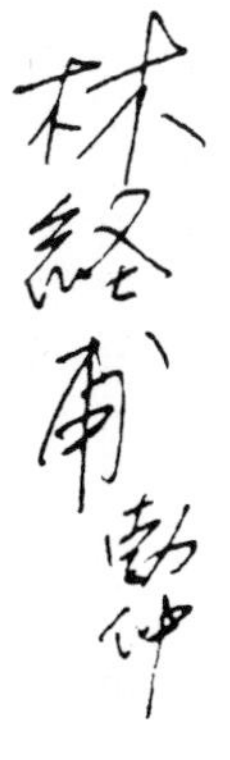

這是一種相當難得且奇特的經驗，四十歲之前，許多人常會問我的，總是一些生理與醫療方面的問題；四十歲之後，我最常思考的卻是文化方面的問題。

如此南轅北轍的改變，最主要的原因，應該是來自我的經驗法則：跟每一位成長在戰後的一代相彷，自童年長至青年，無論是家庭、學校或者是整個社會給我的壓力，只是讀書、考試，考試、讀書；而我一直也沒讓人失望，唸完醫學院後，順利負笈英國，接着又在日本拿到博士學位，先後在美國及台灣擔任過許多人欽羨的婦產科醫生，也正因此，讓我有太多機會在世界各地認識不同的友人。然而，這樣的機會卻總讓我感到自卑，這自卑並非來自專業知識，而是每每交換及不同的文化經驗時，少數識得台灣的友人，也僅知道這個海島擁有七百億的外滙存底而已。

這個殘酷的事實，逼着我不得不慎重的思考：什麼樣的文化，才足以代表台灣？

●

一九八三年間，我結束了在美的醫療工作，

回台全力投注於協和婦幼醫院的經管，由於業務的需要，常有機會到日本去，有一次在橫濱的一家古董店裡，發覺了十幾尊傳統布袋戲偶，讓我突然勾起兒時在台南勝利戲院，坐在長排椅的椅背上看內台布袋戲的情景；不久後，在大阪天理大學附設的博物館，看到那尊清乾隆年間的戲神田都元帥以及古色古香的「六角棚」戲台，還有那些皮影、傀儡、木雕、銀器、刺繡與原住民族的工藝品，讓我產生極大的感動，忍不住當場流下眼淚。

我的感動來自於那些代表先民智慧與工藝水平的器物之美；忍不住掉下的眼淚，則是因爲這些製作精巧，具有歷史意義又代表傳統文化精華的東西，在這外邦受到最愼重的收藏與保護，但在當時的台灣，除了某些唯利是圖的古董商外，根本乏人理會！

除了感動，同時也讓我感受到日本文化侵略的危機，這種危機感也許可溯自大學三年級的暑假，我參加基督教醫療協會，到信義、仁愛、望洋等山地部落，從事公共衛生的醫療服務時，便深刻體會到日治時期對台灣山地的積極教育，讓日本文化、語言以及民族性都紮下不錯的根基，其深厚的程度甚至令人驚駭，只是當時的情況，個人並無力改變什麼。及至一九八〇年前後，我結束學業，回到台灣後，第一件事便是找到彰化教育學院的郭惠二教授，試圖回到山地經管一個模範村的計劃，結果模範村計劃因故流產，而那次再回山地，讓我不敢置信的是，由於電視進入山區，使得原住民族的文化幾近完全流失，少數保存下來的，卻是日治時期的文化遺產。

這是多麼可怕的文化侵略啊！難道連日本人走了，都還能予取予求地用區區的金錢，換取我們最珍貴的傳統文化？

如此揉合着感動、迷惑又驚駭的心情，讓我在東京坐立難安，隔天，便毫不考慮地到橫濱那家古董店買回店中所有的布袋戲偶，同時又透過種種關係，買回「哈哈笑」劇團最早那個被台灣古董商騙賣到日本的戲棚。

那絕不只是一時的衝動而已，我很清楚地告訴自己，只要在我的能力範圍之內，將盡可能地尋回這些流落在外的文化財產；這些年來，雖沒有明確的收藏計劃，但只要是有價值的東西，我都不肯放棄，至今，也才稍可談得上規模。

●

嚴格說來，我是個典型受西式教育的人，加上長年在國外的關係，讓我對藝術或者文化，都懷有較深且闊的世界觀。

最早我在英國唸書的時候，便跑遍了歐洲重要的美術館，後來每次出國，只要有機會，決不會錯過任何一個可觀的現代藝術館。

除了參觀與欣賞，我也嚐試着收藏一些美術的東西，收藏的目的，除因個人的喜好，當然也因爲美好的藝術品也是不分國界的！

也許有人會認爲，在這傳統與現代之間，必有無法調和的衝突之處，我又如何面對呢？其實，我從不認爲這兩者之間會有相互矛盾或衝突之處，任何一種藝術品都有其共通之美，而其中蘊含的不同文化特色，正足代表那個民族的特殊之處，傳統的彩繪與現代美術作品，正是兩類截然不同的作品，正因其不同，我們才能在彩繪中，體認先民的精神與生活狀態，它的價值，除了美之外，更在於它所蘊含的特殊文化表徵。

當然，時代的快速進步之下，傳統的美術、工藝與文化，面臨了難以持續的大難題，導致這個問題的因素頗多，例如政府政策的不當、教育的偏頗以及社會的畸型發展，讓戰後的台灣人擁有最好的知識教育，卻完全缺乏生活教育，終造成今天這個以金錢論成敗，從不考慮精神生活的社會型態。

過去，也有許多的專家學者，對這個病態的社會提出不少頗有見地的意見，但我一直認爲，任何一個正常的社會，必要擁有正常的文化。台灣光復以來，政府當局全力追求經濟建設的成長，卻不顧文化水平一直在原地踏步，直到近幾年，有關單位似乎也較積極地從事文化建設；只是，當中共的廣東省政府，花了兩億美元整修一座五落大厝，成爲一座古色古香的廣東地方博物館時，台灣的左營舊城門才剛剛被毀，半毀的麻豆林家也被拆遷，這樣的文化建設又怎能談得上什麼成績呢？

在這種種難題與僵局之下，要重振傳統文化，重新獲得現代人的肯定，甚至立足在世界的舞台上，就不能光靠政府的政策與態度，而是我們每個人都有責任付出關心與努力，用現代化的方法與現代人的觀點，提昇傳統文化的品質，再締本土文化的光輝。

●

從開始收藏第一尊布袋戲偶起，彷彿便註定我將走上這條寂寞卻不能後悔的文化之路。

過去那麼多年前，只是默默地收藏一些珍貴的文化財產，我當然知道，光如此是不夠的，但直到今天，時機稍稍成熟，才敢進行下一步的計劃。

這個計劃，大概可分爲三個部份，一是成立出版社，二爲創立臺原藝術文化基金會，三則創設臺原傳統戲曲文物館。

臺原出版社成立的目的有二；一是專業台灣風土叢刊的出版，這是一套持續性的計劃，計劃每年分三季出書，每季同時出版五種台灣風土文化的叢書，類別包括：民俗、戲曲、音樂、歷史、工藝、文物、雜俎、原住民族等大類，每本書都將採最精美的設計與印刷，用最通俗的筆法，喚醒正在迷茫與游離中的朋友，讓更多的朋友重新認識本土文化的可貴與迷人之處。我深信，只要持之以恆，所有努力的成績不僅將獲得關愛本土人士的肯定，更將贏得國際間的重視；二爲出版基金會的專刊，臺原藝術文化基金會成立之後，將有計劃地整理台灣的傳統藝術之美，諸如戲曲之美、偶戲造型以至於建築、彩繪之美……等等。

至於基金會與博物館的創立，則是我最大的目標，這兩個計劃其實是一體的，博物館只是基金會的附屬單位，主要的功用在於展示基金會所收藏的文物與美術品；至於基金會本身，除了推廣與發展本土文化，定期舉辦各種研習營與表演、演講，更將策劃舉辦各種世界性的文物交流展，目的除了讓國人有機會打開更廣闊的視野外，更重要的是讓本土文化立足在世界的舞台上。

讓本土文化立足在世界的舞台上，不僅是臺原藝術文化基金會與出版社努力的目標，更是每個關愛本土文化人士最大的期望，不是嗎？畢竟唯有如此，才能重拾我們失落已久的自尊！

（本文獲選入《一九八九年海峽散文選》）

重建原住民部落史

——序《台灣鄒族的風土神話》

金榮華

一九八七年八月和一九八八年元月，中國文化大學中文研究所的民間文學小組，在台東縣卑南族所居住的幾個村進行了民間故事的採錄。小組成員中沒有一個人會卑南話，所以能進行採錄，而且工作順利，主要是獲得了卑南族天主教神父曾建次先生的支持和協助。經由他事先的說明，各村的故事講述人在了解這項工作對其本族文化的意義後，也都非常熱心。

一九九〇年十一月，民間文學小組去金門進行了五天的民間故事採錄。這一次的籌備時間很短，事先的規劃不夠完整，雖然得到當地縣府人員的協助，語言也無困難，但工作卻頗吃力。

在這兩個地區的採錄過程中，許多故事講述人在面對初次見面的採錄人員時，開始會有不自在的感覺。這個情形在台東採錄時比較好一些，因爲小組成員在採錄前和各村的故事講述人有過一次輕鬆的聚會。故事講述人面對採錄者的不自在感覺，在相當程度上會影響他對故事的敘述。

還有一項是翻譯的問題。卑南族的故事，大部份是在採錄後先由曾建次神父逐段口譯錄音，再由民間文學小組成員轉爲文字，相當費時，而且有些用字不易精確掌握，詢問斟酌，也不是很方便。在金門所採錄的故事雖然都是以閩南話敘述，對民間文學小組而言，毫無困難，但是有些地方性的特殊語言和用詞，在轉爲文字時仍甚費工夫。

浦君忠成是鄒族，世居台灣嘉義縣阿里山鄉特富野社，畢業於台灣師範大學國文系及國文研究所，現爲中國文化大學中國文學研究所博士班研究生；曾任台灣師範大學附屬中學國文教師，現任中國工商專科學校及淡江大學中文講師，有志於其本族文化之研究，而以口傳文學爲主要部份。從上述民間文學小組的經驗來看，浦君以鄒人從事鄒族民間文學的採集和研究，那些困難便不存在了。他所訪問的族中長老和他都熟識，講故事人便不會有那種對初見面之採錄者或多或少的不自在。講述人沒有不自在便容易盡興發揮，而採錄者也容易發掘更多的材料。在翻譯方面，浦君的母語是鄒語，而中文是其研究的專長，在語言的轉換和文字的表達上，他應該會比別人做得更好。

浦君以鄒人研究鄒族文學，在鄒族是第一人，他是有著一份使命感的，他的族人想必也對他有著很大的期望。作爲一個民間文學的工作者，我也對他寄以厚望的。

——一九九三年三月八日

鄒族的歷史和傳奇

——《台灣鄒族的風土神話》自序

鄒族爲台灣島上的先住民族之一，主要居住在玉山西及西南方向，即曾文溪上游兩岸、陳有蘭溪左岸、淸水溪右岸以及荖濃溪兩岸谷地或台地，人數大約四、五千人。因爲語言的差異和住地分離的緣故，所以人類學家把鄒族分爲南鄒、北鄒；南鄒大體指與布農族混居於高雄縣三民鄉、桃源鄉的鄒族族人，而北鄒則是居住在嘉義縣阿里山鄉境內達邦、樂野、來吉、里佳、山美、新美、茶山、新山各村以及南投縣信義鄉望美村久美社區的鄒族人。

自日領時期以來，對鄒族的調查研究工作極繁，也能獲致許多令人敬佩的成果，但是它們泰半屬於嚴肅的學術研究或報告，不易爲大衆所見所知，而且不可諱言的是在諸多採錄、調查的過程中，由於語言的隔閡和傳譯時難免的變異，或者係以事先擬妥的理論體系或概念結構，經過一番縝密的綰合，使原本活生生而自成渾然一體的民族文化質素，硬被拆散而碎亂的嵌入它們被安排的位置上，因此不免些微失實。在赴大陸西南地區少數民族的訪視中，筆者發現在各個民族從事傳統文化蒐求整理工作的主要成員，大多是該地、該族的人員；當然的，他們事先都曾在雲南民族學院之類的學習環境接受過完整的職前訓練。他們回到自己的族裏、村裏，就憑著自幼耳濡目染的族屬見聞，加上多年習得掌握蒐求、發掘、整理、分析的能力，讓他們尋覓的觸角更加敏銳，因而也更能掌握眞相。返台後，便積極的整理過去每逢假期回鄉時訪問耆老、與鄰朋晤談或者實地參與活動時的資料，並且回憶自幼迄今的所見所聞所想，嘗試用文字表達出來。當然不可否認的，爲了讓所述的儘可能達到眞實，有時因所知有限，或能力不足辨明，那時不得不請益於現存的文獻。敍述時筆者嘗試運用比較平易而通俗的文字，期能擺開學術用辭艱深難明的障礙，讓閱讀者在極輕鬆便易的情況下逐一領會有關鄒族的種種。

●

一個種族只要她能擁有不與人同的文化，那麼這個種族文化就有其存在的價值；那是不拘其人數的衆寡，也無關乎所謂「文明」、「落後」與否。而且一個種族文化的延續與否，端視此一文化在質素是否眞正融入民族眞實的生活裏，那不僅見諸習俗、技藝、儀制，也切實體現於思想、觀念的運作模式中；如果傳統的文化質素再也不能由種族成員的思慮言動中濾得分毫，則此一文化不啻已告壽終。所幸鄒族由於主客觀的因素，她還能保存相當珍貴的某些文化遺產；可是旁鄰的文化不斷在變遷，鄒族勢不免也將受到影響而與之產生融攝和順勢變異的作用。在許多鄒族的青年逐漸自覺的學習、繼承本身文化系統的知識之際，乃不揣淺陋，記下這幾年之間行走訪談於鄒族聚落的心得和感興之語，藉以拋磚引玉。

●

民間流傳的神話、傳說、故事，大體是以口頭的方式從事創作和傳播的，因此有些地區稱作「口碑」，也有稱「口頭文學」、「口傳文學」等，這些名稱都清楚的顯示它們的特質，而今在學術研究的領域裏，已經正式定名爲「民間文學」。全世界各個民族都擁有由自己所創作的民間文學作品，只是因爲生存環境、文化發展、民族遭遇、外來文化等等因素的影響下，往往會形成迥異的風貌。民間文學作品應該包括神話、傳說、民間故事、諺語、謎語、歌謠等等的體式，它們都能或多或少，或明或晦的表達或象徵一個民族在長期的歷史變遷中其成員所產生的情感和思想，所以接觸或閱讀這些作品能夠使人明白一個民族情感和思想。尤其是台島原住民的民間文學作品裏具體的傳述其祖先的源起，技藝的發明、創造，部落的建立、民族的遷移等等的內涵，使吾人明瞭彼等所有的民間文學作品不能純然視爲同等於擁有文字民族的文學作品而已，它們其實是原住民歷史文化、知識、觀念、情感思想等具體或抽象事物的集合體。台島原住民社會所傳承的民間文學作品非常豐富，大自然裏的山川草木，屬於人事的名物習慣，也許都有一段興味濃厚的故事隱藏在其中，只要勤於採擷，收穫必然可觀。只是許多足以摧毀口傳敍述傳統的事物，譬如生活步調加速、精神緊張、電視等媒體的發展，和都市人口的大量集中，都是足以讓口傳故事式微的因素。至於曾經受到口傳故事薰染而深知其趣味的老人們正逐一的凋零，如果我們能明白一個老人的離去，其實就代表一個民間文學寶庫的滅失，那麼就能體會這樣難以阻止或挽回的事正持續而加速的進行時是那樣使人心痛呀！（就在本書結集時，一通電話告訴我不久前即已約定卻因自己忙碌，始終還找不到空暇去拜望的老人去世了。）所以每聽到如此的人已經永遠的離開，心裏眞是如刀割滴血那樣的傷痛。這些在昔日的社會裏習就了完整技藝，記憶了廣博豐富知識觀念的智者，在因新的社會加速到來而失去了原本足以供他們馳騁奔躍的大空間之後，在後進者受了與他們差異極大的新思想、新觀念之後所持的眼光裏，他們只是無用的人罷了。這樣的判斷在與這些老智者交談之後，馬上就會改變，那些講不完的故事或掌故和唱不完的歌謠，就足以使人驚嘆不已了。

本書後半部所輯錄的神話、傳說和民間故事是這幾年來返鄉採錄整理而得的，由於時間並非充裕，尚未採得的仍然很多，但是比起往日以全島原住民各族爲對象而採錄整理的日本學者或者並非以民間文學爲研究專題的學者所蒐集的，對單一民族而言它們的份量已是明顯爲多了。

除了多方採錄整理鄒族的口傳文學外，對於

鄰邊部族譬如布農、泰雅、魯凱各族所有的，今後也希望能有些收穫。由於即將結集出版，對於故事本身尚未進行縝密的整理，只是務必保存它們原本的情節。口傳文學的內涵是變動不居的，它們呈現的風格特色也會隨著改易。在採錄的過程中可以發現講述故事的人都有一份自信，自信他們所講述的才是最標準的「版本」，這是口傳文學非常普徧的現象，在歧異而繁複的不同說法中，可以找到許多令人欣喜的研究線索，所以每一個老人開始講述時，最好是把它當作以前尚未聽過的故事，這樣才有足夠敏銳的心眼去捕捉眞正的「寶貝」。在採錄故事的這段時日，老人們用他們洋溢尊嚴、透顯睿智的神情顏色讓我這個鄒族子裔不得不付出全部的心力注意他們任何的言動，越是仔細捕捉，越是讓自己感受到他們深藏的智慧。這些值得尊敬的長輩包括——

〔特富野社〕浦勇民先生、石芳惠女士、湯保福先生、汪義益先生、浦賢助先生

〔來吉村〕陳庄次牧師夫婦、武山勝村幹事

〔里佳村〕武義亨老師夫婦、方慶福老師、安秋照老師、楊啓川村長、汪傳發長老、洋知丁先生、莊英池先生、汪榮華先生

〔樂野村〕汪健昌先生、武義德先生

〔山美村〕汪老先生(minolu)

〔茶山村〕石朝家(kazuo)長老夫婦

〔新山村〕方清芳長老、湯友元老師、湯友搖先生

謹在此獻上十二萬分的謝意、期望來日仍能繼續由他們身上得到教益。另外，這本書得以出版，對於協和台灣叢刊的總編輯劉還月先生，我心中實在有深銘的感激，看到他爲這塊土地所付出的心力和不怨不悔的那份執著，讓我對他的印象，不再只是那比我更稀疏、光亮的前額頭而已。帶領我逐漸踏上民間文學研究的金榮華教授所給予的啓發和指導也是我不該遺忘的。至於拙荊秀英持續不斷的關愛、支持亦是我將不斷追求進境的最大動力。

——一九九二年七月二十五日於新店

台灣鄒族的風土神話

巴蘇亞・博伊哲努(浦忠成)/著

輯二　神話傳說篇

目錄

輯一

歷史風土篇

第一章

鄒族的歷史風貌

鄒族祖先的傳說故事裏，
人因避洪水而逃到玉山的山頂，
與禽獸共處一段很長的時間；
大地乾了，
族人從玉山頂順著溪流分途而下，
在漫長的遷移傳衍過程中，
逐步建立了特富野、達邦、伊拇諸⋯
以及氏族組織和親族制度。

第一節　歷史沿革與地理環境

族名的起源

在許多文獻的記錄或相沿的稱呼，鄒族也被稱作「曹族」；事實上自日領時期以後的文獻，都記著「曹」而非「鄒」。以拉丁語標音時是記爲cou或tsou，兩字音相較，「鄒」顯然比較接近鄒族人所發出的原音，所以近幾年大多數族人都已逐漸習用「鄒族」的稱呼。

鄒族的「鄒」此一語音，包括許多的意義。它最基本的意義是「人」，可以指所有的人，不分種族、國籍、都可稱作「鄒」。它也可以成爲相對性的稱呼而表示與另一較開化種族不同。譬如相對美國白人，印安人可以稱作「鄒」；相對於漢族，雲南的彝族也可稱爲「鄒」。它也指「活著的人」，相對於「死去的人」。稍狹的界義是泛指台島地區的原住民族；鄒族自稱時並不單稱「鄒」，而是稱couadoana，意思是「我們這一群人」，因此可以了解所謂「鄒」並不是鄒族自稱時所用的語音。從古昔到現在，鄒族的鄒族也從不用「鄒」稱呼；從荷蘭時期以迄鄭成功時期，清朝與日領時期，記載鄒族相關事務，多不稱鄒族，而逕以社名或聚落名，因

●傳說中鄒族人避洪水的玉山山頂。

此在府志賦役條中記錄著「踏枋」（今阿里山達邦）、「鹿楮」（今南投信義鄉久美社區）、「知母朥」（今特富野社），而不見鄒族之名。此種現象可以看出當時對原住民族種的區別尚未明晰，對各族的文化、體質等特性的辨明仍很模糊。原住民族有許多族名多是對各族的調查研究進行之後給予確定的，各種族並不習慣於以固定的稱謂自名，大約是緣於台島的原住民早期是以氏族爲單位進行遷徙、耕獵，甚至作戰，後來各族逐漸聚合成一個聚落或部落，向外自名，只要言明那一氏族、那一部落，不需表明係何族種。所以各族開始並不特別標明族名，以爲分別。

一個種族的稱謂確定之後，固然可以幫助研究者分辨以掌握各族在文化表現的特性，也可以藉此而凝聚全族的向心力。使族人在名稱所內含的意義與傳承上的嚴肅使命所感動，並激勵每一族的成員爲之奮發而不懼苦難，進而在來日能自然而無懼無愧的說出自己的族屬，顯現隸屬於某一部族的尊嚴。

歷史沿革

由於年代的久遠，加上沒有一套文字系統記錄民族的源流，鄒族肇生和繁衍的過程中，只有距今三、四百年左右的演變事實是稍能掌握的，更早的民族史都只寄託在渺茫已失的時空和撲朔迷離的口傳資料之中。充分表現了沒有文字以傳遞文化的無力感和無奈，所謂十口相傳之謂古，口傳方式終究在馱載能力上是不能匹敵於書面文字的。

在鄒族的傳說故事裏，有一則關於人(cou)因避洪水而逃到玉山的內容。在山頂，人與禽獸共處，時間很長，但是也不能確定；後來是一隻大螃蟹取得了人們所贈的特殊報酬後，用大螯足夾住堵河的大鰻，大鰻一轉身，水就退去。大地乾了，人們又從玉山山頂分途而下，逐步建立據點及男子聖所。鄒族前期的傳說與許多民族一樣，是與洪水故事相結合的，其中自不免玄怪的說法，但是考察早期鄒族遷移的始點卻又都是由玉山向西、西南、南方向推展，所以到目前為止，還沒有更合理的推測能取代這個聯繫著這遠古傳說和實際遷徙路途的鄒族自身觀念。

鄒族現存的氏族相傳就是當初分途下山時的遷移單位，後來由這些古老氏族又衍生出更多的亞氏族。這些氏族是jasijungu（安）、jakumangana（楊）、jaisikana（石）、judunana（湯）、niahosa（梁）、javaiana（汪）、tapangu（方）、peongsi（汪、方）、jataujongana（高）等氏族，這些鄒族的祖先有的順著陳有蘭溪，到鹿窟山附近轉到阿里山西坡，此時一部分人繞過塔山到達邦、特富野；也有一部分人循著清水溪下山而到達平原。有的是順著楠梓仙溪南下，在「曼阿那」(mangana)停止，後又分別，一支直接向西到達「伊擬亞那」(jingiana)；一支向南到達「伊西基亞那」(jiskieana)；一支也同樣向南，到達新望嶺，再向西轉到北方。這三支遷移隊伍都在最後轉入曾文溪的流域裏。最後一路是由玉山先翻越馬鞍嶺，到「飯包服山」(柏卓卓阿那；pcocongana) 下，到達伊西基雅那和伊擬雅那。

鄒族的遷移並非短時期內進行，所以早期是以氏族為生存、自衛、耕獵、遷徙的單位，使一個氏族內的成員若非血緣的關係，也是極其密切的祭祀、征獵神聖機體；因此長期氏族遷移、定居交互的過程中，讓氏族內的各亞氏族事實上已經是密切不可分的親族，只是保持了最原始的個別名號而已。

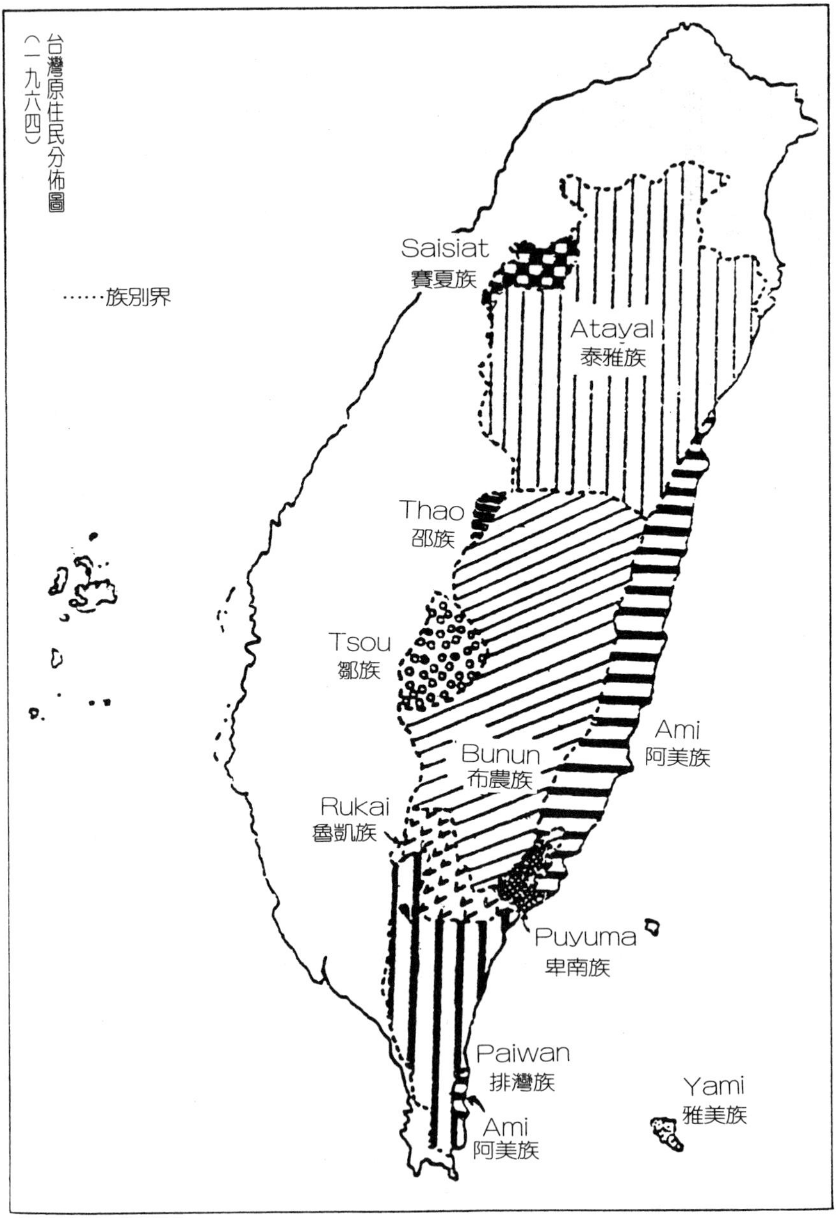
台灣原住民分佈圖
（一九六四）
……族別界
Saisiat
賽夏族
Atayal
泰雅族
Thao
邵族
Tsou
鄒族
Ami
阿美族
Bunun
布農族
Rukai
魯凱族
Puyuma
卑南族
Paiwan
排灣族
Yami
雅美族
Ami
阿美族

●玉山山脈下的鄒族部落。

等遷徙、居住的區域或路線有了重大的改變，譬如敵族聚落逐漸建立，外來移民不斷侵入等等，或者氏族因疾疫、征戰而人口大量減少，為了氏族的生存，往往會尋找強而有力的氏族依附，有時連一己氏族建立的會所都加以廢棄，整個氏族便加入較強氏族的聚落。這樣的趨勢使部落逐漸形成，到了十七世紀中期，或者還更早，鄒族已陸續建立了特富野、達邦、伊拇諸、魯富都等社。這四社都有男子聖所（公廨）、部落的首長、征將、長老會議等具體的組織形態。因為口傳資料的模糊難辨，而且族人對年代數字向來並不詳記，因此在大部份可得文獻上的年代記載，似都遲延甚多。

特富野社位在曾文溪二流交會的台地，是鄒族最古老的部落，梁氏家族建立了男子聖所，以後陸續加入安、石、汪、高諸氏族，共同為特富野社的組織成員。此社早期由梁氏為部落首長，後因行為橫暴，乃由勇猛的汪氏族人取代，十七世紀是特富野社最強盛的時期，當時出了英明的「雅伊布谷」(yaibuku)和力大無比的「蔑埃西」(meaishi)，南征北討，都能大獲全勝。今日的來吉、樂野村及其旁鄰小社，都屬於特富野。達邦社距特富野僅二公里，建立的時間稍晚於特富野，由溫氏家族建立。據傳該社原係溫氏獵區，溫氏族人打獵時，丟失獵犬，數天後仍然沒有回來，他們再度前往，發現獵犬在那裏生下小狗；當時衆人都認爲是天神啓示，於是便在那裏建立聖所。由於建社初期，曾受特富野的大力協助，故視特富野社首長家爲大宗家,有大事時,常受特富野的指揮，有段時期兩社聖所還毗鄰而建，益見其關係密切。現在的里佳、新美、山美等社大多數的住民都是由達邦社遷出的。魯富都社位於陳有蘭溪左岸，住民都是早期由特富野社遷入的，因此長久對特富野持分部的地位；遇特富野有祭祀，魯富都社都會獻禮，改建聖所時，也請特富野的首長前往主持。鄒族族人初時遷入時，此地原有「木拇諸」族居住，鄒族要求割讓，木拇諸人不許，二族作戰，鄒族獲勝，戰功最大的湯氏將其聖所移建此地，也被推部落首長。日領時期，日警爲了監視方便的理由，強迫大量的布農族人遷入此地，使受天花等惡疫已失去大量人口的魯富都社面臨被同化的命運，再加上通婚的措施，魯富都社已經難以再維繫成爲一個純粹的鄒族部落。伊拇諸社在石鼓盤溪右岸，首先建立會所的人就是建立達邦會所的溫氏族人，伊拇諸社的語音與其他社有較大的差異，因此也有人認爲此社並非鄒族一支，但並不能確定。伊拇諸據稱曾擁有最多的人口，勢力最強，常藉機欺凌特富野社民，後來特富野社故意在他們的獵區進行焚獵，表示挑戰，兩社交戰，伊拇諸大敗；後來又因伊拇諸人殺害並羞辱前往飲宴的特富野社人，引致特富野進襲，兩次戰役，伊拇諸失去大多數的壯丁，從此一蹶不振。後來同樣受到天花流行的影響，死亡甚多；到了一九二〇年左右，伊拇諸社只存八戶,最後只得廢社,併入來吉村。目前來吉村部分的石、陳氏族就是他們的後裔。

鄒族原有的四社中，僅有特富野、達邦二社還能擁有繼續繁榮、發展其特有文化特質的條件，二社並定期舉行傳統的各項祭儀，藉以凝聚全社的向心力，部落首長等組織大體還能維繫，只是整個大環境已有重大改變，鄒族的社會自然也要配合這樣的變異，但是如何在變轉中妥適的保存鄒族社會那種值得保存的特質，那是鄒族人要善加思考因應的課題。

近來鄒族各氏族都積極進行家譜、族譜的整理，藉著宗親會活動，由氏族長老講述氏族的歷史和傳說故事，讓後輩的子弟能藉著實際參與，認識自己家族的興替繁衍，這實在是凝聚親族的極佳作法；常憶兒時全體氏族的成員在社裏有重大祭儀的時候，所有老少都聚集一處，忙碌熱鬧又洋溢十足的溫馨，全氏族共食、共祭、糧肉傳香，而衆人在氏族長老的帶領，虔誠的在祭屋內祝禱祈福；一派祥和肅穆；而氏族的成員，個個都熟識，雖然禁戒甚多，動輒受到親長督責，但是那樣融洽和樂的聚會，永遠是難以令人自心中揮去的。

地理領域

自古昔以來，鄒族對於其所活動地域的認知，可以藉著現實的遷徙、居留等情況及神話、傳說的內涵去觀察。鄒族傳統的領地裏，玉山是最具神聖性質的高山，它是天神降臨以造人之地，在洪水時期也是人類得以避居的處所，許多文化藝術的源起，應當也是與玉山有密切關連的。而塔山(hocubu)則是鄒族族人死亡之後的歸宿之地。相傳鄒族居住的地方都先由天神踩石留下足迹以爲標記，譬如特富野、達邦、塔山、樂野、魯富都、茶公店等地，均可說明在傳統的觀念裏，族人對居地與其本身所具天授的神聖性的確認。由玉山的西、南分別流出陳有蘭溪、清水溪、曾文溪、楠梓仙溪、荖濃溪，這些溪流也與鄒族的生存、生活有密切的關係。(追溯鄒族古老氏族的遷徙路線，大約都是循著溪流前進的)。以前鄒族對於台南安平

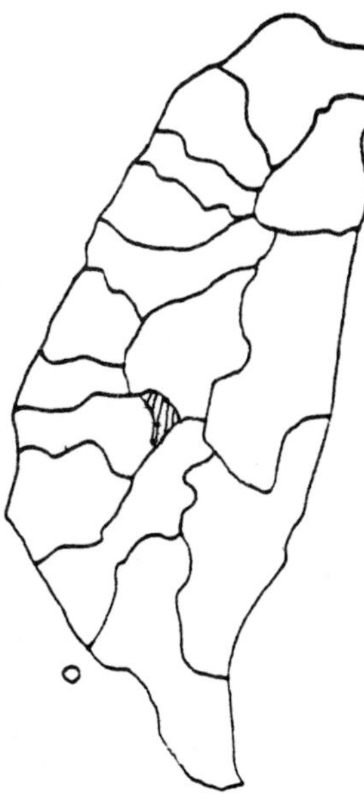

●鄒族分布的核心區。

（札哈姆）十分熟悉，上下的捷徑就是沿著曾文溪。

對於嘉南平原，鄒族的神話裏說到那是天神踩平的，原本它和東邊的地形一樣有高山深谷，嘉義一帶鄒語是「麥巴由」，一直到雲林的斗六，也都曾是鄒族熟悉的。當然並非大多數鄒族的人口曾遷移到平原，但安、溫等氏族確有居住過平原，甚至到達海邊的經驗（安氏就曾居住在社口庄長達二百多年）。由於地形的因素和鄰族對峙的關係，使鄒族對於領地認知的特色更能突顯；大致對於東西兩方的認知是極清晰的。族人清楚的明瞭東西二方均有海（即日出、日落之地），族人的農獵活動大體也是循著這樣的方向；而南北的觀念較為晦暗，征戰的方向也大體就是如此的。歸結起來，外來的勢力尚未進入之前，鄒族意識的領域是東西達海（但是東方顯然沒有下到縱谷和平原的事實），而南北分別到達陳有蘭溪北岸、荖濃溪（征戰時經常越過此一界限追擊或進襲，相傳的口碑中還有一支征戰隊伍到達今台中一帶）；等到一六〇〇年以後，隨著漢人的入墾，布農族人口的成長快速並向東向南移民，南鄒四社的潰亡以及西拉雅平埔族人的東遷諸因素的影響，鄒族人實際能活躍的地域就越來越狹小了。如今傳統上所謂東南方以fozu-tsi-tshumu（深之水；荖濃溪），北方以himiu-tsi-tshumu（濁之水；陳有蘭溪），西方以poftonga-veoveo（觸口）之點與poneo（平原）相鄰的領域說法，其實是晚近的事。

許多的研究都顯示鄒族在近三百年以來是變小的民族（不論是人口和居地），而與其相鄰的布農族卻是變大的民族，明白如此的消長，就可以明白鄒族傳統與現代之間曾有的變異了。傳統領域的認知，在於明白先人足迹到達的地方，由此遙想他們的心思情感，揣摩他們步履的艱辛，看看他們進退的路線，也許可以稍稍掌握民族的興亡消長，讓我們對這些土地山川更多一些珍惜的情意。

玉山

就像許多民族尊崇他們居住地域的高山，鄒族也同樣有類似的心情。由一些鄒族祖先傳下

鄒族部落分布區

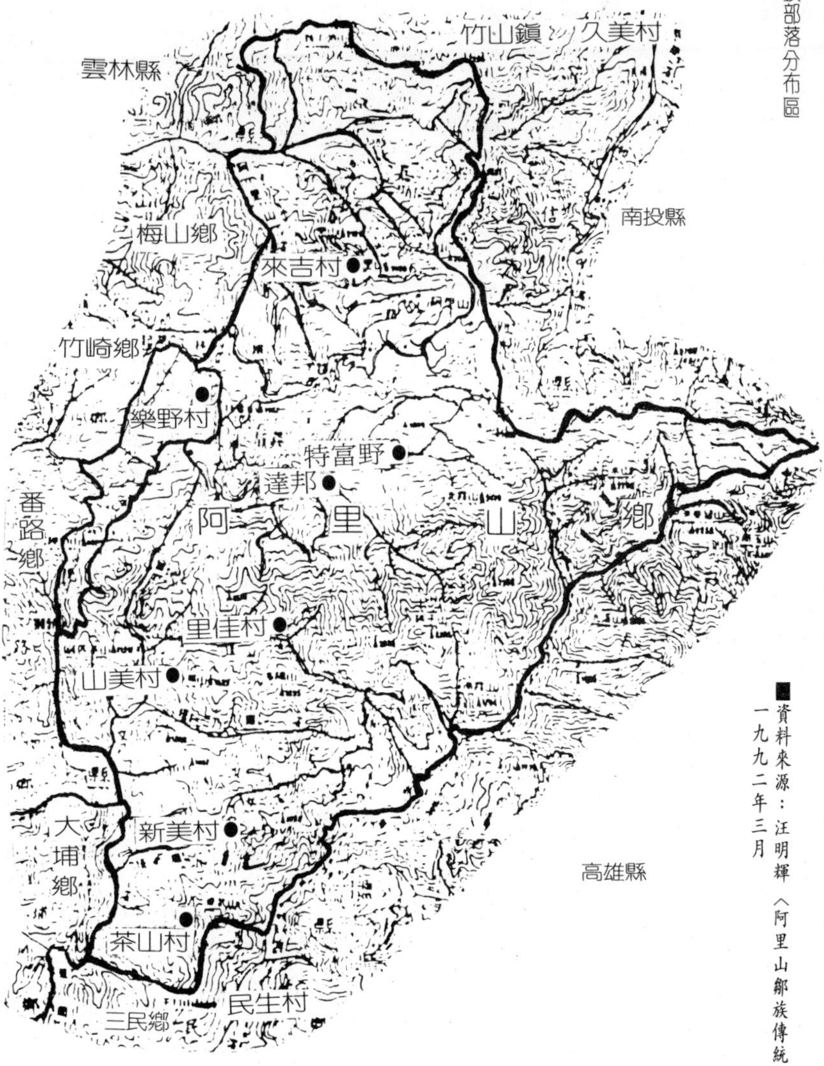

■資料來源：汪明輝〈阿里山鄒族傳統的領域〉一九九二年三月

來的故事，族人相信玉山就是鄒族的發源之地；族人相傳，天神曾在玉山上造人；也傳說在很久以前，有一回洪水氾濫，人們跟禽獸都逃到山頂，在度過了一段時期之後，洪水退去，族人就由玉山走下，順勢走下陳有蘭溪，而在溪畔建立和社、魯富都（久美）等聚落；有的順著楠梓仙溪，轉入曾文溪建立了伊西基亞那、特富野等幾個聚落；也有的順著清水溪下山，在石鼓盤（今阿里山鄉豐山一帶）建立了伊拇諸聚落。另外，也有一些氏族就順著河流向下走到平原，甚而到達海邊，像jasijungu（安）這一氏族。依照他們氏族的傳說，他們的祖先曾在海邊（大約就安平）與紅毛人遭遇而相處一地，後來他們在平原的發展並未如想像中順暢，最後還是慢慢的遷移到山地，歸入已經建立的鄒族聚落裏。

自玉山分途而下，是依氏族為單位的，並非全族共同遷徙，由這樣的事實看來，這是相當久遠以前的事了。除了曾居住在玉山的傳說，另外鄒族非常重要的祭儀文化也是肇生於玉山山巔的。據說人們住在山頂時，常常想創作歌舞來娛悅天神，但是每當他們唱歌的時候，總是不能唱好，大家都納悶，後來有人提議殺猴子取頭祭祀天神，大家覺得有理，便照樣做了，果然，大家的歌聲有了起色，又有人提議：如果用人頭祭祀，歌聲一定更好，正巧有一個殘疾的孩子（或頑童），衆人竟把他殺了取頭祭拜天神，結果他們的歌聲眞變得悅耳動聽。後來就演變而為擊殺異族以取其頭顱來祭祀天神的出草獵首。據說鄒族現存的祭儀，大約就是那個時期創制的，有許多古老的歌曲，它們的歌詞，已經難以明白掌握，那是年代久遠的緣故（據音樂學家研究，那都是九世紀以前才有的音樂）。據說玉山北峰還有三支石灶，族人相信，那就是先民留下的遺跡。鄒語稱呼玉山為patunkuonu（八頓郭努），現在則是指玉山側的八通關一帶草原。

鄒族族人分途而下時，往往留下了許多如今仍可見到的地名，譬如塔塔加（鞍部，指玉山入口，原意是「晒物架棚」）、和社（hosa，鄒語「大社」之意）等。每當族人眺望那高聳入雲的偉岸尖峰，思古幽情，莫不油然而生。

第二節　部落與親族制度

部落首長——別雍西

鄒族最大的社群單位為「大社」(hosa)，大社裏有一個世襲的首長叫「別雍西」(peongsi·，原義是蜂王)，這個部落首長往往要領導集體的征獵，交涉處理與外族、他社的紛爭媾和等事宜；部落內的祭儀、罪行的審理、處罰、爭執的調理等等事務，也都是部落首長的職責。部落首長氏族的選定與傳衍不絕，是歷史的因素決定的，譬如達邦大社的建立者為方氏，後來該社即以方氏為該社的別雍西；而特富野社係因梁氏所初創，梁氏原亦為特富野社的別雍西，但彼氏族仗著人多勢衆、行為蠻橫，為社人所怨憤，後來被汪氏家族歷史中極富傳奇性的偉大人物「長毛公公」(阿給雅木厤·，ake'ejamu'mu'ma) 藉著英勇傑出的表現，在距今約四百年前予以接替。後來該氏族絕嗣，又由同一氏族的「高吾都阿那」(javaiana·，汪氏)氏者為其養子，以繼承部落首長，以迄今日。部落首長除非有重大失職或有負衆望，以及絕嗣外，是不會失去職權的。

部落首長雖具許多重要事項的領導權責，但

●鄒族是部落首長制度的父系氏族社會。

鄒族並非全由其獨攬統率之權的。部落首長底下有三個重要屬官負責個別的事務，就是祭司、征將（尤俄熱木）、刑官（巴拿道）；祭司可由首長兼任，但大都由最具經驗、智慧的老者擔任；征將由最勇敢也最有戰功的人出任，而刑官必選公正無私的長老擔任。另外還有合議的長老會議，這才是部落裏最具權力的組織。重大的部落行動和首長的命令都必須先在此一會議中通過，才能付諸實行。

今日鄒族的別雍西制度和其他的組織系統都

已經式微或完全瓦解了。別雍西在部落中大抵只是「瑪亞士比」(maeasvi) 祭儀中的帶領者（司祭）而已，原有的權責已經旁落到地方的行政首長身上。在當今高喊維護原住民傳統文化的吶喊聲中，重新考量部落首長制度在鄒族社會中的意義，配合具體傳統文化的復興，以及顧念舊有社會組織曾經造成穩定凝結渾成一體的功效，審慎評估良窳，再作去取，仍是值得從事的。

氏族區分

鄒族的氏族可分成三個層次予以述明：第一個層次爲亞氏族，鄒族有四十個亞氏族（見三十四頁氏族組織系統表）。亞氏族最主要的持徵是擁有一個獨立而不與人同的姓氏。亞氏族是最親近的血緣團體，古昔是共同居住飲食的單位；但它不是正式的祭儀單位，也不是外婚的單位。亞氏族的長老可以代表出席部落的長老會議，決定大事，並主持單位內的祭儀婚喪等。

由亞氏族群自然形成的另一層次爲氏族，那是由於血緣、收養、嫁娶的事實逐步造成的親戚制度。氏族的主要機能是外婚，亦即在同一氏族裏的各亞氏族間是不能成婚的，同氏族內男女互稱兄弟姊妹，故結婚對象要在其他氏族的亞氏族中尋求。同氏族常需共同祭祀，共飲祭酒，有婚喪大事，應招請同氏族成員飲食，

●同氏族的鄒人常需共同祭祀，共飲祭酒。

以聯絡族誼；氏族也有共同的祭屋。同一氏族可以共同使用獵區，獲得獵物，要分贈氏族各家。同一氏族的人可以自由進出同氏族的各家屋中，絕嗣或子女無法照顧的老人，更可至各家坐臥飲食，故氏族制度也有一定的社會救助功能。鄒族的氏族有八個，即安、楊、石、湯、梁、汪、方、高。

最後的一個層次是聯族；鄒族各社恰好都有三個，即安、汪、高聯族。那是相當疏遠的親屬關係，它主要的功能只是互用獵區，共食獵肉，共同血仇的義務，其外婚功能亦已消失。

傳統的鄒族姓氏有的是以住地爲名，有的是以祖先的名字爲姓，也有的以所殺敵人之名爲姓氏，亦有以所任職務爲姓，甚或以某圖騰事物命姓的。它們都是在漫長繁殖傳衍中逐漸形成的。由於鄒族的人數較少，氏族這一層級又是外婚的單位，因此傳遞的系統相當清晰，不致發生如外族同姓而相戀的遺憾現象，也能保持穩定的社會關係。

外婚制度

鄒族的氏族組織可以分成亞氏族、氏族、聯族三種層級，其中氏族一級就是鄒族社會中外婚的單位；譬如生在安氏族的男子，他便命定絕對不能同亦屬安氏族的武、鄭、洋、安等亞氏族的女子成婚；那是因爲每個同氏族的亞氏族之間，都有極清晰的血緣關係存在；在同一氏族內，亞氏族間同一輩的人彼此就是廣義的兄弟姊妹，在鄒族傳統的觀念裏，兄弟姊妹間的性關係是一種極端神聖的禁忌。長久以來，同氏族的人是「卓諾愛瑪那」（同一家人）的團體，在往昔也是在一屋內共用爐灶，在血緣和精神層面的關係，自然是極其親近密切的。

除了親族之間禁婚外，姻族中的近親也是禁婚的；最主要的禁婚對象是母族；亦即自己不可與母親的兄弟姊妹成親，亦不得與母舅、姨母的子女（即表兄弟姊妹）成親。但自己的子女與母親表兄弟姊妹的子女之間，並不在禁婚之列。姻族間的禁婚原則爲：

一、母親兄弟姊妹（舅姨）的直接卑親（表兄弟姐妹）禁婚，但隔代的則不禁婚。

二、父親姊妹（姑）的直系卑親（表兄弟姐

●傳統的鄒族有嚴密的氏族區分。

妹）禁婚，但隔代則不禁婚。

三、表兄弟妹（互稱pupe-nanatoto-ohaisa的親人）不論是親族姻族，都禁婚。

四、叔伯姑舅姨的子女不能成親。

五、外甥不可和舅氏中的同輩發生婚媾的關係。

另外由於氏族外婚制的緣故，在鄒族的社會中曾具體的出現「亡夫的兄弟承娶其寡嫂或弟婦」、「妻死則續娶其妹」等現象。因爲鄒族並不鼓勵寡婦守節不改嫁，而且認爲兄亡娶嫂或寡婦嫁夫弟，乃是一種義務。因此寡婦夫族的人可以有夫弟爲由，禁其寡嫂另適他族；而寡婦通常亦視之爲當然。如果寡婦另有屬意者，則可經與夫族協談同意，不能強制。

鄒族實施外婚制度，跟許多的種族一樣，是把婚姻當作對氏族的社會行爲；把此種迴異的制度與難測的一些禁忌相配一起，自然形成鄒族青年男女在激動或表達情感之前必得遵循的法則；有條不紊而又不時具體見出，正是許多鄒族社會始終存留卻不易目睹事象的一例而已。

●阿里山鄒族氏族組織系統表(馬淵東一・一九三七年)

ake? i matsots no aimana 聯合家族	audu matsotso no aimana 氏族	ongko no emo 亞氏族	
jasijungu (安)	jasijungu (安)	jasijungu	
		mukunana (武)	(自jasijungu分出)
		yeakeana	(jasijungu之養子)
		jasakiei (洋)	(自jasijungu分出)
		teneoana	(jisijungu之養子)
	jakumangana (楊)	jakumangana (楊)	(自tosuku分出)
		tosuku (杜)	
		nie-pasujana	(自jakumangana分出)
		kudatana	(jakumangana之養子)
		javaiana	(自jakumangana分出)
	jaisikana (石)	jaiskana (石)	
		bojuana (石)	(自jaisikana分出)
		nia-bojuana	(自bojuana分出)
	judunana (湯)	judunana (湯)	(自mukauuana分出)
		mufozana	(與judfunana爲兄弟族)
		juheatchana	(與mozana爲兄弟族)
		ibiana	(爲juduana之婿及養子)
		nia-jaitchiana	(自judunana分出)
peongsi (汪)	nia-hosa (梁)	nia-hosa (梁)	
		akuajaana (陳)	(自nia-hosa分出)
		tutuhsana	(與nia-hosa爲兄弟族)
	peongsi (汪)	peongsi	(原出自kautuana)
		nia-kautana (汪)	(自peongsi分出)
		javaiana (汪)	(原與tutuhsana爲兄弟族)
		japasjongana (汪)	(自javaiana分出)
		nia-japasjongana (汪)	(自javaiana分出)
		sangoana (汪)	(peongsi之養子)
	tapangu (方)	tapangu (方)	
		nia-ujongana	(與tapangu爲兄弟族)
		nia-mojeoana	(與nia-ujongana爲兄弟族)
		tabunuana	(與tapangu爲兄弟族)
		ibiana	(與tapangu爲兄弟族)
jataujongana (高)	jataujongana (高)	jataujongana (高)	(來自玉山之老族)
		noatsatchiana (莊)	(來自玉山之老族)
		e?utina (溫)	(來自玉山之老族)
		nia-n?utchina	(與e?utchina爲兄弟族)
		ajaukana	(自玉山移來之老氏族)
		poitsonu (浦)	(jataujongana之養子)
		usaiana	(poits?nu之養子)
		anuana	(poits?nu之養子)

第二章

鄒族的信仰與親族倫理

鄒族對於超自然神祇、鬼、靈的信仰，
支配了整個民族的實際生活；
粟神祭、敵首祭、聖所修繕祭……
均有它豐富的內涵及象徵意義。
在全社的祭儀中，
原本散居的親族，又能再度聚首，
精神的契合，
崇奉的心情，
使族人的習俗文化得以傳承下去。

第一節　祭儀與神祇

祭儀

就像許多重神祇的民族一樣，鄒族也藉著各類的祭儀親近、祈求神祇，不論農作、出征、狩獵、建築等事項，都藉著祭祀的活動期望神明的降福解厄或助成其事。鄒族的祭儀就是按著這些實際生活所要從事及所要遭遇的事，制作了那麼繁複的祭儀。依其類別可大別爲粟作祭儀、稻作祭儀、敵首祭、狩獵祭、男子聖所修繕祭、家屋落成祭儀、道路祭儀以及對各處山川神祇的祭拜等。

粟作的祭儀(homeeaea·,荷滅雅雅)是構成鄒族祭祀整體的最重要部份，由於它是傳遞時間最久遠，影響生活也最深且鉅，因此它其實和幾乎所有的祭儀均有密切的關係，亦即其他所有的祭儀部分的目的也在於助成粟作的正常生長，以確保族人安定的生活。粟作的祭儀可分播種、除草、收獲三階段，主要是持護、防止病害、加強生命力，助成粟種由播植以迄收穫全程。這些祭儀配合粟作生長的情況，逐步完成，期間有釀酒、狩獵、獵敵首、禁食魚、打陀螺、除穢、採薪等等極其繁瑣的作法。而稻作祭儀是在稻作傳入鄒族之後才逐漸形成的，因此重要性遠低於粟作祭儀，而其儀式大體遵循粟作祭，然省略甚多。敵首祭亦可列入粟作祭中，惟其形式亦極繁複，可別出另述。鄒族獵敵首主要有幾項原因，即爲同族或友族復仇、土地的掠取與防護、宗教祭儀的要求、炫耀勇武以及雪恥或除冤等。取回的敵首，經過餵食，宥和等過程後，以竹竿懸於聖樹雀榕旁，族人即輪舞(maeasvi，瑪亞士比)於男子聖所前。敵首祭時往往加上道路祭以求行路、征獵的平安，也有男嬰獻禮、男子成年禮的儀式，那是要強化後輩的繼起者對本族的認同，並且要求確實負担責任。狩獵祭儀是個人或團體在出獵有獲時，赴獸骨架祝禱獵神的祭儀。男子聖所修繕的祭儀(ekubi)都在敵首祭之前進行，那是爲了要移動或整理男子聖所的法物、聖器，爲聖所加添草蓋，新植聖草——木斛草於屋頂等而進行。家屋落成時，即備妥酒、飯、肉之類，先祭祀家神等，再設筵宴請親友。

祭祀大多是全族共同進行的，只有狩獵祭、家屋落成祭是各氏族依實際需要舉行。鄒族各類祭祀所用的法物是木斛草、木槿樹條、茅草等；而供物多用糯米或粟米酒、獸肉、米飯；魚在昔日被族人視爲污穢食物與蔬菜類都不能上祭桌。

祭祀中的禁忌也繁多。諸如吵鬧、打架、丟擲石頭、觸及鷄身、家中爐火熄滅、採伐蕉竹、

●木槿樹條是鄒族祭祀用的法物。(浦忠成／攝影)

孕婦與祭或者在禁食時限內吃飯、魚、鹽、薯、葱等物，都會造成危害或病亡的嚴重後果，每個成員要謹言愼行，以免觸犯。

現在原住民的社會，大多已全盤接受了西方的宗教，接近漢族同胞的地域，也有許多人也接受了釋道的教派，如果深入探討從古昔到現在的本來宗教祭儀，或許它們所構成的祭儀並不那樣的周備，而其所顯示的宗教觀念也許存有迷信的成份，但是這些祭儀都與原住民今昔的生活發生過緊密相連的關係，想要掌握原住民族傳統文化的本質，捨這些祭儀的形質而不求，不啻是緣木而求魚的。

●祭粟神時要禁食魚類。(浦忠成／攝影)

神祇

鄒族對於超自然存在的神祇、魂、靈都概稱之爲「伊諸」(hitsu)，對於它們的信仰或敬畏、忌惡其實支配了整個民族的實際生活。對於人生具有支配能力的神祇，鄒族都給予專名，而且祭祀的態度是極其恭敬肅穆，能保護、佑助個人或社會的神祇，則給予禮拜或崇敬，對於人生有危害作爲的大抵受人畏懼，受崇時需由巫師加以禳祓。

尼佛奴神(nivenu)

爲天地的創造者，是天上的女神，祂曾創造人類，但是雖具有極大威能，卻沒有成爲族人祭祀的對象，崇敬的心情亦較淡薄。

哈莫天神(hamo)

祂是管理天地的最高神明，爲男神，平時只居上界，只在敵首祭時降下凡間，經男子聖所旁的雀榕樹，再藉聖所的屋頂上的木斛草進入聖所接受犧牲。據鄒族巫師傳言，天神爲人形，眼大、衣熊皮、全身發光；所住的天界遍生鄒族人視爲聖草的木斛草，隨行的靈獸爲熊。天神是鄒族最敬畏的神明。

波送弗依(bosonfihi)

命運神，這位神明在嬰兒初生降臨凡間，在嬰孩頭上注水，便決定他一生的命運。祂通常在敵首祭時隨扈天神降下，並爲天神搭架神梯。

伊發弗歐(iafafeaeu)

軍神，此神是聖所以及出征隊伍的守護神，平時就居住在聖所中的敵首籠內，鎮住敵首，祂可以往來天上人間，傳達訊息，出征時軍神率領全軍，勝敗都取決於他，如果沒有此神隨行，射箭時就不能中敵人的胸膛。獵人獲熊時，軍神會到獸骨架陪祭天神。敵首祭時也是被祀的對象。

阿給瑪莫伊(ake'e mameoi)

土地神。此神爲管理全體土地的神明；但是各地亦均有此神掌理。所有生長該地的人都要受到祂的保護、養育，以防止惡靈、疾病的入侵，昔時各氏族都有固定獵場、農地、如果有

●神糧櫃是儲存粟米節時所用之物。(詹慧玲／攝影)

●荷減雅雅(homeeaea)豐年祭所祭者爲粟神。(詹慧玲/攝影)

強佔者，土地神便會使其罹病或讓所奪的土地崩坍。各氏族都有祀此神的地方，收穫祭時此神也與祀。

河神(akeé tyo'ojeha)

此神主在幫助漁獲，防止外族入侵，保護涉水或游泳者，其祭祀同於土地神。

粟神(b'aetonu)

鄒族職司農作者爲女性，故此神也是女神，鄒族的荷減雅雅(homeeaea)豐年祭所祭者就是此神，祂是鄒族的保食神，祭祀的儀式隱密繁瑣，並且要靜穆嚴肅，不能發出任何聲響，非主事的人，多半不能理解。

稻神(ba'i paji)

此神是鄒族引入稻作後才逐漸形成的，職能也像粟神，但神聖性較少，祭儀亦簡單。

獵神(hitsu no emoikejengi)

祂是能招致各種獸類的神明，平時住在所保存取火用的燧器袋中，各個氏族的獸骨架中都有此神，一有獵獲，就要祭祀此神。

社神(hitsu no pa'mumutu)

在鄒族的聚落處都有巨大的雀榕或茄冬樹，

樹前置大石一塊，社神就住在其中。此神負責阻止惡疾、惡靈；來襲的敵人也會被懲罰而敗死。族人行經此處，常以肉、糕祭獻。

家神(hitsu no emo)

此神負責保護家內成員免受惡疾及水災的侵害。

另外鄒族也相信致惡疾的瘟神，使人溺死的水鬼和隨時要致害人的煞神，都在各地隨時窺伺，尋機加害於人，但此類惡神可以依靠天神驅逐，有些特定的樹木如雀榕、茄冬、樟、栓皮櫟等及岩石（巨大而形狀、色彩特殊者）亦都有神靈依附，在接近的時候都要加以禮敬或祭祀，以免瀆犯。

衆多的鬼神，使鄒族昔日的實際生活中每個環節都緊密的與諸多的信仰相扣相配，戒愼戒懼，殷勤虔誠，造成一個組織嚴密而精神融洽的渾然生活情態，雖有迷信，卻也有更多的安定和佑福的功能存焉。

人口計算儀式

整體的人口數，往往是衡量一個群體或部族強弱盛衰的重要指標，在優勝劣敗，弱肉強食的環境中，它所代表的意義，尤其明顯。統計人口數在現代的國家裏是極爲專門的工作，它也有許多豐富的專業知識；而在從前鄒族的社會裏，爲了讓主事者充份掌握全社人口，俾在征戰、狩獵、祭祀、修路等事時能參酌運用，因此也有一套計量人口的制度。

它是每年實施的工作，時間在二月間播粟期，因爲鄒族的聚落大致可分爲大社(hosa)與小社(lenohiu)二類，大社中有男子聖所、家祠或祭粟倉等，可以獨立進行征伐、祭祀諸事；而小社附屬大社，它只是因爲有些人家的農獵地離大社較遠，爲了耕獵方便，便就近落戶，它不能單獨進行前述大社能進行的事項，每逢大社舉辦有關全體的事務，小社成員便回大社裏助，順便也藉此與家族團聚。所以每到統計人口的時間，小社各氏族便按當年成員存歿的情形，向大社內本氏族申報人數。方法是以每一根粟穗桿代表一人，住小社的本氏族人數有多少，便取同樣數目的粟穗桿切齊，長約二十公分，束緊後專人送至大社本氏族。大社本氏族收到後，便集合所有小社，連同大社裏本氏族所交的粟穗桿，再送交掌管全社人口計量的負責人(aketutunava)，由彼等數人合計全社各氏族的粟穗桿。在離聚落不遠的行儀式處(tutunava)，用同樣數目的茅桿緊縛成柱，數人並合力搖撼緊縛的茅桿，大聲祝願：「大家要和睦相處」數回，便豎立在該處。

負責處理此項儀式的數位長老，照例是由最先創立大社的氏族成員中選出；在此期間出獵獲得獵物或者釀酒、製糕之類時，社民都會分贈少許給這些長老，作爲敬獻，那是感激，也是因著對宰制族人生命神祇的崇敬表示。祭儀完成後，全社的人會在部落上方的高大林木間，由壯丁們懸吊粗藤蔓以供男女老少盪鞦韆，全社盡歡。據說從前有一回祭祀完成後，衆人因故鬥毆，結果附近大樹上出現一隻像月亮般發出亮光，卻又現出微笑的怪物，注視著互毆不止的人群，這時大家看到這樣的景象，才驚覺差錯，趕緊言和，以後再也不敢魯莽，傷了和氣。據說那是一種喜歡看人爭吵、仇恨的鬼怪。

●粟—昔日鄒族最主要的糧食。（浦忠成／攝影）

瑪亞士比儀式

瑪亞士比(maeasvi)有戰祭、凱旋祭、敵首祭、團結祭等等名稱，它的內涵豐富，象徵的意義繁多。它原本是在每年粟收成時的荷滅雅雅粟神祭典之後由部落首長及長老決定舉行的

● maeasvi祭典之前，修繕聖所的儀式。（浦忠成／攝影）

日期，後來統一在每年的二月十五日或八月十五日，由達邦、特富野二社輪流辦理。二社的祭儀大同小異。儀式進行之前有ekubi 的儀式，那是男子聖所的修繕典禮。正式的瑪亞士比可以分成五個階段：

一、迎神(smouyu'oho)

㈠集合

1.聖花木槲草送入並種植在聖所前左右側。
2.司祭者——部落首長自聖所呼引社衆。
3.社男子著紅色祭服登上聖所。
4.司祭或各氏族長老分發染紅木槿皮籤條，與祭者束在刀帶、臂上。
5.與祭者取聖花插於皮帽、腰間。
6.司祭領衆將聖所內常年不熄的火塘移出炭火至廣場中央。
7.所有與祭者在聖樹雀榕前圍成半圈。

㈡迎神(hookai)

1.汪、石二家女子自汪家抬進小豬一隻，置衆人與聖樹間。司祭與長老以矛刺殺小豬；祭衆以刀尖沾豬血，成半圓形面向聖樹，大聲呼

●青年修砍聖樹樹枝，以迎天神降臨。（浦忠成／攝影）

嘯paebae三聲，再將刀尖沾血塗於樹幹，以供天神。

2.司祭囑五名青年上樹修砍聖樹樹枝，並留數枝指向氏族，砍畢再以木枝沾豬血插於樹幹。

3.司祭領衆至聖樹前方排成半圓形，社衆牽手。

4.吟唱祭歌，並依聲緩慢舞蹈。

二、部落團結祭儀

1.祭衆重登聖所（此時天神、軍神已進入聖所）。

2.氏族長老備妥聖花，並將沾血之聖花插入聖所內屋頂茅草。長老携聖花到聖樹前。

3.各氏族青年由長老手中接聖花，奔回氏族祭粟倉(monopeisia)，以示神佑。

4.各氏族青年奔回己氏族家中取回祭酒。各氏族祭酒注入一杯以示全社團結，並將之供於聖櫃。第二次取酒時，餘酒由祭衆共飲。

5.行男嬰初登聖所(matkaea)及男子成年禮(easmoeʉska)。

6.長老唱唸征獵歌(tue)，祭衆複誦。

7.司祭以木棒擊地板、蹬足，祭衆亦同，以送天神。

三、送神歌舞祭

1.祭衆走入廣場，全體再牽手成半圓形，準備送天神。

2.唱迎神歌(ehoyi)：天神啊！豬已殺妥，血也已準備，請下來享用吧！

3.唱送神歌(eyao)：為祢進行的祭典已經結束，為祢唱的歌也已唱完，請祢回到天上，我們會繼續唱祢喜歡的歌，希望祢給予我們力量！

4.唱祭歌（慢拍：peasvi no pohao)：祭典正在進行，青年人趕快來參加！祭典是天神所傳授的，也是祖先傳給我們的。此祭歌唱數節後，族中年輕女子持火把加入歌舞行列。

5.唱祭歌（節奏稍快：peasvi no maea-he)：祭場上的火就是永久的生命，女子們！你們從家裏帶火把加入祭場上的火，並且加入我們祭舞的行列。

6.再唱送神歌，送天神由聖樹再返天。

四、道路祭儀

祭衆由聖所往社外之skokaea（社郊之祭場)，以氏族為單位，紮束茅草，釀酒以祭社神，並祈願驅走疫鬼，故亦可稱為「驅疫之祭」。祭畢採薪材疾走回會所。(特富野社已省略)。

五、氏族祭倉祭儀

全體祭衆由祭司帶領，赴各氏族祭粟倉奠酒祭神。

瑪亞士比的正典至此結束，其餘的歌舞已為禮讚，甚或歡樂性質，包括歷史頌、青年頌、勇士頌等。

鄒族瑪亞士比儀式過程繁複，而且每一步驟都隱含著神聖、玄妙的象徵意義，這些內容並非本文所能悉數包舉；藉著祭儀進行中較大集體行動的抉出，依其大略先後次序予以列出，俾稍可理解其梗概。瑪亞士比是鄒族社會中極其重要的祭祀活動；只要此一儀式持續進行，則鄒族社會文化當仍能保存些許原有的特質；只是整個活動由於規畫不完善，牟利作爲的摻入，年輕族裔不諳儀則以及外來遊客人數過多諸類因素糾結，瑪亞士比的素質每下愈況，有識者當正視此一現象，愼謀改進之道，則鄒族族人大幸！

●鄒族人的祭典盛況。（詹慧玲／攝影）

第二節　巫術與占卜

巫術

鄒族的巫術並不像其他民族一樣，視巫師所能施行的法能為絕對至上，無可替代。鄒族所行的巫術為禳祓惡靈、惡疫的接觸巫術，以及用於自然調節的共感巫術，另外還有必須依賴土地神方能顯現法力的黑巫術。鄒族巫術的行使有一定的法物如茅、水、楮葉、敗醬、藜實、鐵片、山豬顎骨、猴頭骨等，也有咒語、祝詞，它們跟平日的語言相同。巫師在作法施術的時候，精神狀態也是正常的，巫師所能進行的，

●獸骨亦是行巫術的法物。（浦忠成／攝影）

●面對特富野的崩塌之地，相傳即是昔時巫術所造成。（浦忠成／攝影）

大致可分爲調整天氣、驅除惡靈、醫術、黑巫術等四類。

遇有久旱的時候，巫師會領著社裏的男子，到一處族人認定爲降雨之源的地方去洩水或持猴頭、敗醬到達溪邊，男子裸身躍入溪中，向四周及兩岸撥水二次，口唸「急雨！急雨！」，也有以豬頭顎骨沈於水中以求雨。求晴則係以松皮片附於矢上，燃燒後射向天空。對於惡靈的入侵，必由巫師禳祓，以免染病，自遠方歸社，也要禳除可能隨行的惡靈。出遠門恐懼惡靈接近，或家有死者，第五日要出靈時，均由巫師進行禳除，使用茅葉、藜實作爲法物，拍打身體各部，口中唸唸有詞。鄒族族人患病，多求助巫師，巫師即携楮葉、清水盛碗，先祈天神賜靈水，再以楮葉浸入水碗之中，取水撒濺病人身上，或者以浸水之楮葉撫摩病人之患部，或者作取惡物於病人之狀。至於黑巫術的行使，往往是由於意欲報復，有咒人生病、咒詛土地崩坍或使強佔土地的人病死。亦有使人漁獵無所獲的作法。黑巫術是對素所不悅的他氏族人的陷害，但是對方知悉施術者時，也可予以破解。咒詛土地，使之崩坍，通常在失去該土地時進行，對於佔領者，心懷怒憤，欲使之致病，也可以用酒、火炭置於竹筒，埋入該地，向土地神祈求，則土地發熱，強奪者就會生病而死。

鄒族的巫師，並非隨己意即可擔任，成爲巫師有二種情況，一種是曾經夢見天神神容者；一種是重病而能奇蹟似痊癒者，有此種遭遇，經過巫師認同而勉勵者，即需經一祭祀天神的儀式，得到天神的允准，即可拜師，逐步學習成巫的經驗、知能。學巫必定在成年之後，鄒族的巫師並不因此而停止生產的工作，只是替人驅除惡靈、醫病，可以獲贈獸肉、米、酒等。男女均可成爲巫師，其能施行的法術，並沒有區別。現今的鄒族社會已經沒有養成巫師和施行巫術的環境條件，老一輩的巫師也逐漸凋零，這是人群社會繼續演進的自然結果，撫今追昔，也只有感喟而已！

預測術與占卜

昔日鄒族要從事較具危險或神聖性質的活動，諸如狩獵、出征、祭祀、嫁娶之類，大多會藉著許多方式預測神明對其事的允准或福庇與否；實行時的吉凶成敗，也能藉著類似的方式事先測知。

鄒族族人賴以預測的方式，主要從客觀的事物所顯示的徵兆以及占卜二類。出現在周遭或人自身的許多現象，都可用來解釋或預知即將發生的事情，譬如某人牙齒忽然脫落、佩飾之物突然損壞、狗在屋內長號、雄鷄夜鳴、庭樹忽然倒下等，表示家中有人將死亡或生病；日、月蝕表示社裏有人死亡，彗星出現表示有兵戰……。出征、狩獵時路上見蛇橫於途中或有地震，表示不吉，應當折返；耕作時農具突然毀壞，表示歉收；耕地有蛇出現，其地不吉，應當放棄。相親時途中見蛇或見蛇交尾，亦屬不吉利。屬於個人行爲的打噴嚏、跌跤、放屁也常被視爲凶兆；在集體的行動中若有上述失常的表現，個人應該離隊，以避免影響全體的行動。

鄒族的占卜有夢卜及鳥卜兩類，狩獵之前，在家中先進行夢卜，先求神賞賜吉夢，隨即入睡，如在戶外則先製法物，豎立地上，祈求後在其旁入睡。入睡前祈求的神明並不一致，出征時爲天神，出獵爲獵神，粟祭時爲粟神，建

●鄒族人在林間開闢的山葵田園。(浦忠成／攝影)

築時爲家神，疾病時爲土地神。夢見朝陽、酒、美女、有訪客或獵得熊、鹿、山豬等屬於吉利；夢見落日、降雨、死亡、幽靈、甘藷、芋頭、死魚、火、山崩、蛇之類則爲凶。出征時全體成員要進行夢卜，夢吉的人可以繼續前進，夢凶的就停在原地，等候全體歸來。夢卜時爲了確保原本已獲得的吉夢，夢者會趕緊起身，進一口飯，那麼往後雖然再有凶夢，也沒有關係。耕作、建屋、生病也可以進行夢卜以知事成或痊癒與否。至於鳥卜，台島原住民所聽的鳥大都相同，那是舊志稱蕃蕐(oazmu)的小型雀鳥，在族人耳中，牠能發出表示吉利的清脆鳴叫，也能發出表示凶亂的澀滯、急促、哀鳴的叫聲。除了要聽取鳥鳴的類別，還要看鳥發聲在路途的那一個方位。一路行進，行人就沿途聽取兩旁的鳥鳴，以決定行止。

至今仍有不少長老依然嫻熟以上占卜及觀察徵兆的方法，據云依所示行事，靈驗者極多，其實那也是累積了長期行事作爲的集體經驗、智慧；就如同西洋的占星，漢民族的命相之術一樣，有助心靈寧靜，以面對重大的事務。

第二節 禮法觀念與親族倫理

部落中心——公廨

走入鄒族的部落裏，會見到距社口不遠處有以粗大圓柱架起，離地面約二公尺高處敷設木板，四周豎十四根柱子撐起，先搭木架，再覆以厚厚茅草爲屋頂的橢圓傘狀建築。它跟傳統鄒族建於地上的住屋有別；是屬於架空的干欄式建屋。屋脊的兩端植上兩叢木槲草(fiteʉ)，其入口木梯兩側的石墩上也栽了兩叢。木梯口正面爲寬濶的廣場，場邊有雀榕(eono)一株。雀榕爲鄒族的聖樹，是瑪亞士比戰祭祭儀時天神和

●鄒族的部落中心—Kuba

●達邦社的Kuba。(浦忠成/攝影)

軍神降臨的地方，平時不可接觸，更不宜折取其枝葉。每逢戰祭，青年男子會爬上神樹，砍去枝葉，只留下朝向會所以及最早建立當地聚落的氏族的數枝枝葉。族人會以樹枝沾上新宰豬隻的血，塗於樹上祭食敵魂，族人高唱迎神曲後，天神就會由天上降下，進入會所；祭祀結束，祂回天也經由此樹。

入口樑上懸掛著木槿條片，左側懸掛著火具籠，裏面放著勇士出征時佩帶的火具囊以及一束束紅色的芙蓉皮籤條；而右側掛著敵首籠，裏面裝著昔日取得的敵首皮髮，右側柱上也掛著盾牌。這種建築物是鄒族一部落能成爲大社的象徵，可以稱「公廨」「男子會所」或「男子聖所」(kuba)由於它本身所具的神秘、聖潔的性質，因此不僅異族人難以入內，即使是族內的婦女也不得接近，否則那是犯了極大的禁忌。

公廨是部落的中心，舉凡鄒族的粟祭、獵祭、河神祭、戰祭、成年禮、道路祭等都在此地舉行或以此地爲會合的地點。所以公廨是鄒族的宗教聖地。另外鄒族的男孩週歲時有初登公廨的禮儀，實施之後就有登會所的權利，等到青少年時期由男孩的外祖母領著攝取糯米獻土地神，並共食米飯以行初食祭粟的儀式之後，男孩就要在公廨住宿，隨著長輩學習基本的征獵的技能；到了青年期，男子仍要夜宿公廨，繼續切磋技藝，學會更多的成人技術和部落歷史、社會禮節。已婚的男子雖已不在公廨夜宿，但是絕大部分時間，大都在公廨，因爲社會的交誼活動、部落集體的訓練、歷史傳說的講述，也都在公廨裏進行，所以它是男子的集會場所和青年男子的訓練中心。

公廨也是一個部落重要集會和部落事務宣達的處所，集體的出征、狩獵要在公廨集合、編隊、出發；征獵歸來，也在此地會合、處理獵獲物，歸還聖火袋後才解散。到了作戰的時候，它又變成一個指揮部；萬一一個鄒族的聚落要被敵族攻滅，殘餘的人都會齊集在會所底下與它共存亡。而處理紛爭、處罰過失、犯罪，也都在公廨內進行，所以它又是部落集會和部落事務處理的處所，也是全聚落生活及生存的核心。

由於鄒族的部落都是由幾個氏族分別建立的，因此在早期具立社之功的氏族都建住屋於公廨附近。以公廨爲祭儀地點的各類祭祀，都與立社的各氏族有密切的關係。

會所修繕(ekubi)大約在戰祭祭儀舉行前幾天，社內的成年男子通力合作，有的上山砍取矮茅草、籐皮、木材；有的就在會所內進行補

●達邦社的聖樹—雀榕。(詹慧玲／攝影)

綴增修的事，所的樑柱雖然都很碩大，但架構起來全用籐條繞束，用不著釘子，而依然堅固難以撼動；而覆於其上的茅草經過年年的堆積，由於會所內煙火不斷，因此不虞朽壞，底層的部份與新覆者甚至相差十數年。負責修繕的人，不計酬勞，心懷崇奉的心情，惟一的願望就是公廨能夠長存，天神的佑助常臨，而族內藉此而生的傳統習俗文化能夠繁衍不絕。

時至今日，鄒族原有的四大社只剩達邦、特富野還能擁有公廨，兩地也定時舉行傳統的祭儀。公廨的存在，象徵著鄒族仍保存些許傳統的文化質素。但是許多年輕的族人似不能深切明瞭它所具神聖嚴肅的意義，有時與外來參觀祭儀的遊客同樣的表現許多不虔敬的行爲，不寧是令人悲傷的。

禮法觀念

由於沒有文字，所以鄒族並沒有一種具體的部落法典；但是卻有一套系統的習慣法，藉以維持正常的部落倫理與秩序。這樣一套習慣法是部落的首長及長老們在長久經執行、傳授而遞承下來的；它平時無事時並不易發現，因爲比較輕微的過失，都納入習行的禁戒之中；譬如犯下不敬長輩、違犯祭儀等都當成是對神意的不敬，其懲罰由鬼神。另外，對罪行的認定亦有極大的差異，譬如殺人或傷害，對本族人實施才算犯罪，對異族人或敵族的殺害不只不視爲犯罪，而且還視爲榮譽。衡量罪責時，還會特別顧念此一犯罪是否爲全族帶來災難。由於鄒族還遺留氏族共有財產的觀念（今已日益淡薄），故犯罪行爲有時要由全體氏族負責，如賠償、割讓土地等均是。

鄒族對其成員犯罪所實施的懲罰大致如下：殺人及傷害同族人時，先辨明其故意或過失殺人。鄒族並無死刑的懲罰，對殺人及傷害的處罰多是放逐、賠償及割讓獵場、農地。至於淫亂的行爲，同族相姦被視爲滅族的惡行，施予責打、斥罵後放逐；與配偶之外的異性相姦，如是女方犯姦，而本夫於現場發現，可當場殺死姦夫姦婦，且不算犯罪。事後才查覺，則本夫在長老會議後，可在公衆前儘情毆打凌辱姦夫，姦婦則返家責打後，可予休棄；二人如有反抗，衆人可以共同毆打，直到屈服。妻發現丈夫有外遇，多由妻族長老告誡，罪責較輕。犯強姦、私通的罪過，多由女子父兄痛毆加害者，私通如係兩悅，可使二人成婚，如屬同一氏族的禁婚關係，則毆打後放逐一時。竊盜罪犯、通常令其交還財物，並在聖所前廣場由被竊者毆打凌辱犯過者，累犯則放逐於社外；對於女性則施以責打。侵入他氏族的獵場、農地而有侵害行爲，則由長老會議令其以獵物或收穫物的部分賠償。放火的行爲被視爲較殺人嚴重的罪行，長老審判後，集體斥責、毆打，以該氏族土地的部分賠償，犯罪者亦受放逐的懲

●木造的Kuba，用籐條繞束不用釘子。（詹慧玲／攝影）

●Kuba入口側的木槲草。（詹慧玲／攝影）

罰。

對審判結果有不服，犯罪者可以自請出獵或出草，如有獵獲或出草成功，則其冤屈可獲洗清；因爲鄒族人相信那是神明明察的結果。對罪行較輕者，多半先隱忍，等有祭儀、婚宴的集會，受害者趁機責難並申述加害者的過失；如對方反駁，即加以毆打；如果默然不反應，即表示服罪，做出賠償即可。鄒族對許多的罪過都常用毆打和放逐的方式，毆打凌辱可使身體、心理受到傷害挫敗，大抵是原始的民族常見的方式；而放逐的作爲，其實是極嚴竣的懲處方法，因爲在古昔異族相仇而征戰頻仍的時代環境中，走出社外，就失去了整體的保護，讓自己的身體生命暴露在極度的危險之中，故放逐其實與死刑也沒有多大的區別。

鄒族沒有具體的法律條文，規範成員行爲的，是傳遞久遠，由許多的執行和思辨其良窳的過程中得來的作法和觀念，它的審判是由部落的首長以及長老們組成的會議，有時還會摻雜神明所示下的鑒察，因此它在以往的歲月裏，曾經有效的維繫著鄒族社會，時移勢變，

●首長及長老對維持部落倫理有重要功能。（詹慧玲／攝影）

也許有很多的作法有待改易，可是重法和守法的觀念卻是永遠不能稍有折扣的。

傳統的親族倫理

由於鄒族社會本身結構的因素——亞氏族、氏族、聯族之間由近及遠的親屬關係，以及歷史的因素——長期以來相互依存，互保互通而形成血緣、精神層面的關係，讓鄒族不僅在部落（或大社）內自然形成一種極其嚴密而親近的人際或人倫關聯，部落與部落之間也有一定程度的聯盟、相互依賴、互通有無的關係。而自大社分出的小社成員，雖然其生活的範圍已移出，然而他們仍舊因著同樣氏族的緣故，歸屬於那個氏族的祭粟倉，對於整個氏族，負擔同等的責任。至於傳統的鄒族社會是以什麼樣的方式進行敦睦親誼，以下是較明顯的作法。

最重要的時機還是要屬全社最具份量的荷滅雅雅——祭祀粟女神和瑪亞士比祭典舉行時。快到這一天，全社的男女老少全都要爲準備的事而忙碌著，早幾天社中的男子已經上山狩獵，而婦孺則在家舂米製糕、釀酒。等祭典前夕，同樣早已備妥獸肉、新粟、酒、糕的小社族人也會扶老攜幼，走上一天的路途，趕回到各個氏族裏共聚，共享豐盛的酒食，全家族的人藉此敍舊，也讓幼童認識親人，大小盡歡。在全社的祭儀中，原本散居的族人，又能再度聚首，談談一個年歲以來發生或遭遇的事，聯繫情誼，所以全社性的祭祀活動除了祈福於鬼神，也有讓族人敦親的意義。

由於魯富都社與特富野社；里佳與達邦社的關係較密切，昔日遇有重大的祭祀活動，彼此都會不辭勞苦，背著新收的粟，新釀新製的酒、糕，背袋裝滿新鮮肥美的獸肉，頭頂著長節筒裝的粟米酒，載欣載奔的向彼社進發。由於時間是早經約定的，此社的人也早已備妥豐富的酒食，熱情款待來客。訪客停留數日之後，回程時又滿載主人贈送的禮物歸去，這種辛苦、純樸卻滿溢眞實情感的往來，是昔日司空見慣而今日難得一覩的了。

平時遇有婚喪慶弔的事，親族的人都會熱誠協助，共享共擔情感的喜悲；有剛收穫的農作如粟米之類，同族的人都會互相贈送同食，稱

●修砍後的聖樹，留下朝向立社氏族的枝葉。（浦忠成／攝影）

●Kuban之前的歌舞。（詹慧玲／攝影）

爲「嘗新」；而獵者返家，對自己的氏族，也有分享的義務；他日某家遇有同樣的收穫、獵得，也會以同樣的心情予以報答。鄒族行使如此作爲，也並非是隨興之所至，它必須由親而及疏，亦就是由自己的本家再到亞氏族，再到氏族，倫序錯置，也會遭人嘲笑。最近幾年族人利用宗親會的方式，期望能夠讓一個家族的成員得到精神契合的機會，在這樣一個許多傳統活動都已難保的時候，也是一個可行的作法。

●鄒族的命數法(smʉpʉjʉ)

1 tsoni
2 euso
3 tueu
4 sʉptʉ
5 eimo
6 nomʉ
7 pitu
8 voeu
9 suʒo
10 maskʉ
11 maskʉ-veiea-u-tsini
12 maskʉ-veiea-u-euso
13 maskʉ-veiea-u-teu
14 maskʉ-veiea-u-spotʉ
15 maskʉ-veiea-u-emo
16 maskʉ-veiea-u-numʉ
17 maskʉ-veiea-u-ptu
18 maskʉ-veiea-u-veieo
19 maskʉ-veiea-u-siʒo
20 m-pus-kʉ
30 m-tuje-xʉ
40 m-suptu-xʉ
50 m-eimo-xʉ
60 mo-nʉmʉ-xʉ
70 m-ptu-vʉ
80 m-voje-vʉ
90 m-siʒo-xʉ
100 se'tsonza
101 se'tsonza ho tsoni
200 se'-eitsa-xa
300 se'-tue-va
400 se'-sʉpt-a
500 se'-eimʉ-va
600 se'-nom-va
700 se'-pitu-va
800 se'-voje-va
900 se'-siʒo-a
1000 posi-fou
2000 posi-pusku
3000 posi-to-teu -xʉ
4000 posi-so-sptu-xʉ
5000 posi-a-eoemo-xʉ
6000 posi-no-nomʉ-xʉ
7000 posi-po-ptu-xʉ
8000 posi-vo-veo-xʉ
9000 posi-so-siʒo-xʉ
10000 posi-maskʉ
11000 posi-maskʉ-ho-posifou
20000 posi-m-pusuku
100000 posifou-no-posifou

第三章

鄒族的狩獵與產業

鄒族濃厚的狩獵文化氣息，呈現著
對神明的祈求和敬畏，
親族間的敦睦與和諧，
征戰的技藝和默契。
獵獲和物產的傳統交易方式
自給自足，能以多餘補不足；
寧靜安謐，多互助之利而少取巧之弊，
更充分表現出井井有序，
尊重大自然的關愛胸襟！

第一節　狩獵生涯

狩獵方式和禁忌

耕植和狩獵大抵是許多原始民族生存的方式，耕作與家事是婦女的事；而男性則負責狩獵、征戰的事務。兩性在所擔負的工作上，不能稍有逾越或混淆，因爲據說這是源自天神的囑咐。所以即使到今天，遇到鄒族最重要的祭典瑪亞士比進行時，年滿週歲的男嬰要被帶進象徵男性勇武、聖潔、責任的場所——公廨與天神見面，事後舅族要給他小刀、小弓之類的禮物；而女孩則聚集在族長家，由族長（土目）妻子與年長的婦女授以小鋤等操作農事的象徵器具，角色與責任的分屬，於焉確定。

年輕的男子接受長期狩獵攻伐的訓練，一個人的膽識、技能便在獵捕猛獸的過程中展露無遺。鄒族的老人相信，一個好的獵人，也必定是一個勇猛善戰的戰士。因此鄒族早期的生活形態中，狩獵無疑是非常重要的一環，舉凡重要的征戰，不外就是與敵族間農獵地的取得；遷徙的目的，也是在尋求更好的獵場。每個氏族的宗家，必定有獵神的象徵器物——獸骨架，每一個重要的祭祀前後，也都有儀式性的

●狩獵使鄒族人擁有粗獷勇猛的氣質。（浦忠成／攝影）

狩獵。由於狩獵生活而衍生的文化，也沾染了頗多屬於山林和獵人的粗獷勇猛的氣質風格。

出獵的時候，多半三五人成小群，絕少單獨狩獵，祭儀前後則有較大規模的團體狩獵行動，鄒族的獵場是屬於各氏族所有的，獵者並不能隨意進入其他氏族的獵場範圍之內，只是經過許可進入兄弟氏族獵場行獵，或者爲了追逐獵物而進入其他氏族獵場，則獵者必須分贈獵物的一部分給獵場的主人。

鄒族狩獵的方法大體可分幾類：

武器獵：以弓箭、刺槍、刀等，在追逐具較龐大身軀的野獸，如山豬、熊或獸類逼近時用此類武器搏殺或自衛。

陷獵：其一爲陷阱，主要獵捕的是豹、熊、山豬等凶猛的獸類。其二是絞環，主要對象是鹿、羌、山羊等輕捷動物。其三爲弓陷機，是藉著獸類行走觸動機關，使弓弦脫扣，而箭直射獵物的喉部、胸部，主要針對山豬、熊、豹等；輕捷的動物就不宜使用。

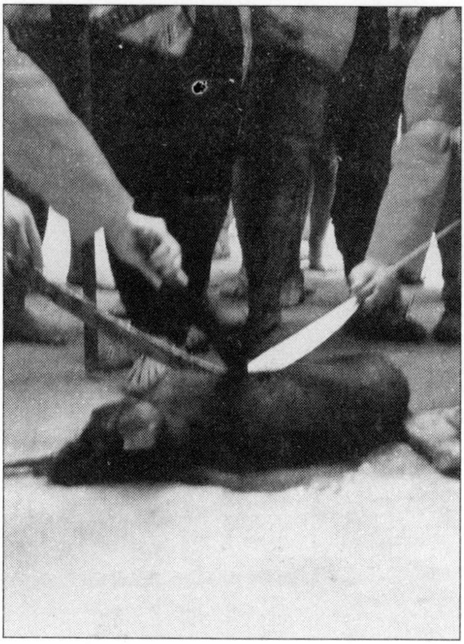

●山豬是重要的獵物。（李志芬／攝影）

焚獵：此種獵法，約五年實施一回，在寒冬草枯時，各氏族男子全體出動，由長老指揮，部署完妥時，就自山林深處放火燒山，藏於其中的各類動物，紛紛逃出，守在各通道側的獵人便以弓箭逐一射殺，可獵得者爲山豬、鹿、羌、山羊等。此一獵法因損毀山林甚鉅，光復後即嚴加禁止。

狩獵在鄒族社會中是僅次於出征的神聖行爲，尤其是許多祭儀後實施的狩獵尤須謹守各類禁忌，譬如行前禁食葱、韮、魚等食物，禁止親近妻子；出發的前一夜要在聖所共宿，全體進行夢卜，有凶夢即停止出獵，有吉夢，則天尚未亮即出發，領隊在途中鳥卜，遇吉兆就繼續前進，凶兆則折回，次日再鳥卜，兩次都未得吉兆，就改期再行出獵。

獸骨架

鄒族族人不論是團體或個人狩獵，獵物不能由獵人獨享，團體獵時，凡參加者，均能獲得獵肉，僅骨頭、角屬於獵人的亞氏族，山豬牙、鷲的羽毛可歸個人。個人出獵也必分贈獵肉予各亞氏族，獵人僅留骨頭、角、豬牙。

野獸的頭顱留給主人，主人會把上顎骨取下剔除餘肉，置於屋後的骨架上，那也是保佑征獵順利的征獵之神——伊發弗歐所居留之處，每回祭祀，祂也都要配享，這樣才會庇佑族人，並且來日能招來野獸供人獵取。因此獸骨架排列的那些顎骨，並不是要炫耀功績的，而是讓征獵之神在家中有一個供奉祭祀的地方。鄒族不用木主或偶像代替或象徵神明，只用某些物品標示祂們常居的所在。所以這種作法說明了鄒族在日常生活中，摻雜了許多宗教的作為，在潛移默化中，讓族人與神契合，不知不覺中獲得神明佑助時的心靈寧靜，這與今日族人非得脫卻耕作的粗服，換穿家中最以為整齊的服裝，以硬硬的皮鞋包裹長著厚胝的雙足，正襟危坐於教堂的矯飾是大異其趣的。

山豬與犬獵

在台灣的山區裡，數量較多，活動力最強的，無疑是繁殖較快的山豬，從以前到現在都是如此的。山豬的體型雖然碩大，但行走奔躍，極為敏捷，而且長成的山豬長出鋒利無比的獠牙後，攻擊力更是驚人，所以有經驗的獵者都能確切的說，台灣地區比較可怕的野生動物實屬山豬，在獵捕時遭其咬噬而傷亡的頗不乏其人，而熊、豹都難得一見，被牠們傷害的傳聞也少。

山豬是雜食性的動物，果實、根苗、筍芽，甚而腐肉、昆蟲都在牠的食單之內，為了覓食，牠們或者三五成群、或者單隻出沒。春夏天暖，較高的山區有新長的草芽或新落地的果實、果核，牠們就在那裡活動；等秋冬來臨，嚴寒讓高山地區生物的成長陷於幾近停滯的狀態，牠們便逐步下移活動圈（山豬平時的活動區域是固定的）。山林草原可食的吃盡了，牠們便會趁夜挖掘人家所種的樹藷、甘藷或竹筍之類，這時遭襲的園主，便在田園附近設下陷具圈套，來捕捉牠們。

另外有一種方式是昔日頗盛行的犬獵；那是由三、五位獵者，加上十數隻土狗組成的狩獵隊伍，獵人們個個腰佩直刀，大小各一，至於弓箭、火槍或者長矛，則視個人喜用者携行。一行人到達山豬出沒的地方，便放出土獵犬搜索,獵犬尋得山豬的踪影,先做試探性的攻擊,山豬逃跑之後，獵犬便在後緊追，同時大聲吠叫，傳達隨後的獵者，獵者聽出獵犬們邊跑邊吠所往的方向，便在其後緊緊跟隨。有經驗的獵人，絕不會落後狗群太遠，否則狗群會誤以爲獵人放棄，而停止追擊，不僅要緊緊追趕，不時還要發出驅狗攻擊的指令，狗群便鬥志昂揚而緊追不捨。追趕一段時間之後，山豬漸感疲憊，便會停下與狗交戰，有經驗的狗群會將牠們圍住，四方不斷輪替攻擊，讓山豬疲乏至極，那麼隨後趕至的獵人用箭或矛、槍射中山豬的致命部位，就結束追擊的過程。但山豬既屬山林原野，牠的耐力、韌性是難以想像的，有時候十幾條精悍的獵犬圍攻牠，牠只消對貿然衝突的獵犬左右一轉頭，那雙獠牙所劃的切傷，足以替獵犬開膛剖腹，何況是行動較緩的人呢？因此鄒族對獵人敬重的依準，不一定在於所獵獵物的多寡，而在於狩獵過程的危險程度，在祭祀的場合中，鄒族有些男子會在胳臂上套上由一對野豬獠牙結成的飾物，在昔日的社會裡，那是榮譽、勇武的象徵，代表它的主人曾經經歷一場極爲危險的過程才制服而獵得「對手」，最重要的是還負了傷，才能堂皇的佩戴。

犬獵是一種需要充沛體力、敏銳反應和極佳

●手臂上的獠牙是勇武獵人的象徵。(浦忠成／攝影)

●近路邊的簡易草寮。（浦忠成／攝影）

判斷能力的狩獵行爲把游走不定的野獸當作一個鬥智鬥力的對手，在漫長而艱辛的尋跡、追逐、獵殺過程，又要有絕好的團體默契，方能奏攻，所以這種狩獵方式曾是鄒族十分倚重的。

家族獵場

行走在山間有時會見到一種奇特的指示標誌，它被樹立在路徑兩側，係由兩指粗細的木桿中剖二十至二十公分於頂，其內嵌入一頭尖、一頭鈍的細枝。尖枝所指，即鄒族某獵者由共同路徑劃分其私有獵徑與獵區的起點與方位。在往昔耕獵並行的時期裏，獵區的擁有與維護是極爲重要的事，各部族間慘烈的廝殺戰鬥，爭取的不外就是農獵資源。即使一部族內對於獵區有所爭執，同樣是絲毫不相讓的，據說曾有阿里山鄒族某社一高氏獵區遭他氏族侵入，高氏族一青年竟埋伏於獵徑，伺機殺死侵入者，往後數月，社民常聽到獵區內高聲呼喊的冤魂，後經長老前往禳祓，陰魂才離去。由此可知，鄒族對於其所有的獵區是極其珍視而寧以身體性命加以守護。昔人藉此一簡易的標示，即能達到宣示所有權與禁戒他人侵犯的效果，在單純而質樸的社會裏，卻是隨處可見的約定俗成的作法，它可以充分規範在某種特定的時空裏，人置身其中作爲與否的合宜性。

除了獵區之外，深入山區裡，不論何地，很容易看到一些就地取材搭建而成的簡易屋棚草寮，那多半是入山行獵或採伐林木，或者繁殖香菇、木耳的山區居民所留下的。

依著種族的差異、棚寮的構築形式並不一致。鄒族的草寮，本身因地形或材料的差異而有數種不同的樣子。有的是斜架而以茅草縱橫交互其上以遮風雨；有的是平衡其木架而屋頂覆以木葉者，亦有直接以木或石穴爲其屋舍的容室而外以草或樹枝葉遮風雨，這些都是預備以稍長的時間停留而搭建的草屋。有時候只是偶而入山，數日即返，那麼就不必煞費周章的搭建，天晴直接就沿途平坦而多薪材的地方，整夜燒材以取暖；遇雨則覓洞穴生火而暫棲。由於鄒族昔日有家族獵場的所有權制，因此，草寮大體都搭在自己所屬的獵場內，而各獵場是嚴格禁戒他人任意進出的，所以寮屋當然也不容他人在未經主人允准下擅入，否則那是相同於侵犯他人獵區一樣不容寬恕的。草寮平時雖沒有人長居其中，但富經驗的獵人會在其內，甚或附近的石穴縫隙裡貯藏備急用的食物或火種，在意外的情況下，斷炊或亟需火溫的

●鄒族人分肉食，仍存古制。（浦忠成／攝影）

●昔日不爲而近數十年才從事的獵飛鼠。（浦忠成／攝影）

人，不得已尋找附近獵區或農作地寮屋，求取援助，即令無人在內，那是可以自行取用其內貯存物品的，但事後必須面告寮屋的主人，而且使用者亦有補充的責任，這種變通的措施，反映昔時族人在嚴明的紀律之內，仍有溫厚的人情運作其間。

僅堪蔽風躲雨的構築和只能勉強果腹的粗食（多半僅是地瓜、小米和鹽而已），也顯示族人們在物質條件極度缺欠時，仍能勤奮不懈於耕獵，以追求更好的生存條件。即令今日，在阿里山地區鄒族生存的區域，族人也往往在耕作處搭建類似的簡陋小屋，作爲短暫休憩或逗留數日的據點，這種承襲的方式，似也隱示許多古昔的事物，不見得就不能傳下，主要在於如何以最佳的方式加以承襲。

狩獵在鄒族的社會裏，包含了許多意義和價值。對神明的祈求，狩獵團體成員的約束，親族之間的敦睦，以及培養征戰時技藝和默契，都是極其重要的，而獸肉的獲得，提高家族成員營養的攝取和獵人們個別的勇猛表現，因而奠定其地位、名譽等，也都是不可漠視的。因此昔時鄒族的狩獵行爲，基本上是在尊重大自然的精神裏發展而出的井然、諧和、關愛的作爲，與衆所詬病濫獵行徑自不可相提並論，何況昔時生活習俗中本就有濃厚的狩獵文化氣息，全面的禁獵與少數人私自的濫行捕殺，都是戕害此一特殊文化發展的惡行。

第二節　物產與交易

製酒與飲酒

在一般人的觀念裏，總認爲台島原住民族都是嗜飲酒的民族，在近一、二十年裏，原住民社會由於傳統文化和社會組織的崩解、渙散，酗酒的泛濫與其所造成的嚴重後遺症，確實比平地社會要嚴重得多。但是古昔原住民社會果然也是如此的嗎？答案是否定的。即以鄒族爲例，在傳統的習俗中，能參與正式飲酒場合的，都是上了年紀的老人，一般青壯者，只能在祭祀或長老的允准下，稍稍斟飲而已，不像今日的少年，沒有緣由的竟日聚飲，非到大醉絕不罷休那樣的沒節制。

鄒族製酒，以粟、糯米及地瓜爲原料，但以粟米爲主。釀製時先將粟米置於木臼之中搗碎，取出煮熟後，放在竹筐上冷卻，再由數名年輕的女子圍著咀嚼粟米，咀嚼完成，就將粟米碎料置入甕缸之中，其上再施一些生粟米粉再加上一些水，缸上覆上野蓮葉、竹筐，到了夜間粟米就開始發酵。翌日清晨，水酒已有甜味；日間再添上生粟米粉、水，覆蓋緊密，再經一夜發酵，次晨已不再甜膩；再依前敍所加方式，到了第三天，粟米已經成香醇而略呈乳糜狀的美酒了。糯米的作法相同。而地瓜則要先去皮煮熟，陰冷後捏糊，置入酒桶內，用苡米製成的酒麵加入，經過三天，將酒桶擺在鐵鍋上蒸熱，再用土鍋盛上冷水置於酒桶之上，酒桶側壁開出一個小孔，用細竹管插入，水酒就可流出。鄒族最醇、最烈的酒叫「斯尼瑪」，那是專給年長的人享用的。其餘的酒大都微甜而酒精成分不高，加上以前族人體健，所以醉酒情事並不多見。

飲酒在鄒族的社會其實還有一定的社會意義，聚落中的祭祀固然有儀式的飲酒，氏族內相聚，也有飲酒的儀節，只是參與者一定是在團體中的長老輩，以及有特殊功績而被大家格外敬重的人如征帥之類，像鄒族族人豔稱的「長毛公公」，雖然有令人欽羡的戰功，但是因為年齡較少，在一則傳說中說到有幾個長者在屋內聚飲，他卻只能在屋頂上與別的夥伴整修房屋，不能加入宴飲的場合。

鄒族族人飲酒，昔時多半在聚集餐飲的場合，主人會備妥米酒，在賓客到達的時候將酒

●族人飲酒有一定的社會儀節。

注入來客所携的竹筒裏，在飲宴中各人自飲筒中的米酒，並沒有強邀對方飲盡杯酒的習慣，大家隨意飲用，盡興而歸。另外出征、狩獵或婚嫁豐收、產子等喜慶，也都要釀酒慶賀。在昔日敬老習俗尙存的時代裏，飲著自家釀製的醇酒，各人依著當有的儀節，守分守禮，酒成爲上下左右間虔敬、親愛的儀具，大家因著酒而更加團結，心情意志也更加凝聚；不像現在酒類充斥於雜貨店中，酒易得而財物、親情甚而本族的榮譽之心卻極易失之杯觥之間。

竹筍的經濟價值

在阿里山鄒族居住的區域裏，居民種植各類竹子，譬如孟宗竹、蔴竹、綠竹、毛竹等；這些竹子，據稱並非原生於斯地的品種，而是由外地移入的，只是年代久遠，何時傳入，誰都不知道。當地倒有一種箭竹，它生長在較高海拔的地域。而佔據最高海拔的竹類，非雲筍莫屬了。這些竹類，長筍的季節並不相同，孟宗竹與箭竹、雲筍大約是在三、四月，綠竹與蔴竹則約在七、八、九月間，每到採收的時節，族人便要忙上一陣。

有些竹類如孟宗竹、蔴竹之類是經人栽植於各自的土地上的，所以各自的屬權是極爲清楚的。每家都會在竹林附近近水的地方蓋起工寮，用土石築起火灶，容納大鍋，而採集足夠焚用一年的薪木，準備妥當。或是自家人丁採取，或是邀衆人輪替採收，由於竹筍一冒出土便長得極快，大約一週就要採收一次，每收一次，便將剝去筍皮的筍筒，筍尖投入沸水中，將熟時以網狀竹杓勾取而出。孟宗竹可以直接賣給商人。蔴竹卻必須先置入寬大的竹編框架內，上下包覆蕉葉，其上再加以重石壓住，使其中的水份能瀝乾，經過一段時間的採收、煮和重壓的過程，竹筐大致已裝滿了竹筍，再過二、三月的重壓，其內的竹筍也發酵，一揭開蕉葉，便傳出撲人的酸、香的竹筍氣味，筍農便將它們取出以背簍背到向陽的大石上，先撕成小片，再攤放在石面上曝晒，二、三天便成許多人喜吃的筍乾。綠竹（甜竹）的產量並不多，所以多不販賣，只供己用。而最爲鄒族族人喜愛食用的莫過於箭竹了，箭竹長成不過

七、八公尺，長出的幼筍也只有大拇指般粗，族人在它長出地面二、三十公分高時，便以手搖折而取，傳統的吃法有一種是只削去竹尖而不去其筍皮，待煮熟（或蒸熟），於進餐時，桌上置鹽水，每人取筍隻，尾朝下，以手握持，用力下擊，筍芽便突露，沾上鹽水，便是佐餐的佳菜了。

當然族人飲食的習慣受到外來的影響，也逐漸有些改變，譬如筍炒肉絲、筍拌沙拉之類，但是嘗過只沾鹽水即可進食的筍芽的人，總是不會忘記它的滋味，因爲那樣的吃法，不僅沿襲了族人簡易克難的吃食習性，也多少代表昔

●鄒族的物產・山葵。（李志芬／攝影）

●雲筍。（李志芬／攝影）

●高冷蔬菜、苦茶油。（詹慧玲／攝影）

●高山茶園。（浦忠成／攝影）

日那麼一段艱辛而人人不覺其苦的日子。

燒蜂巢・取蜂蛹

大約每年三、四月春末夏初的時節，山區道路旁會見到鄒族族人豎立人高的木桿，繞縛其上的茅桿指向路旁樹上。這種標示是鄒族特有的，它是用來表明樹上的蜂巢由誰首先發現，也用以確認蜂巢的誰屬，所以它也算是鄒族社會中的「先占」標誌。春天一到，冬眠後的少數蜂蟲，開始覓高枝以築巢、棲息和繁殖，牠們築成一輪一輪開口向下的圓長細孔平盤，其間便有許多微小白晰的蜂蛹，牠們繁殖的速度極快，幾週裡就能成長一倍的數目，巢便不斷擴大，先由小柑橘般，不旋踵，它已長成南瓜般大小，此時蜂巢可以長到與人高而直徑達一公尺餘，蜂群也有數千至萬了。鄒族族人要確認對一個蜂巢的所有權，認眞的態度是外人難以想像的。從標示的那一天開始，他會在不同的場合向別人表白自己發現的事實，那是一種權益維護的宣示，等大家都認同了，所有鄰近的人也都會在經過的時候注意蜂巢的狀態。

●指向蜂巢，別人不得佔有的先占標誌。（浦忠成／攝影）

族人們燒蜂巢多在秋季，此時數量最多的蜂蛹尚未長成，蜂巢高掛樹枝，所有人便召集親友五、六人，先在入夜前備妥乾燥的茅草數綑，再趁著夜幕走近蜂巢的所在，大致丈量蜂巢的高度，製成長桿，以繫乾茅，準備就緒，便分由二、三人合力高舉已點起的火炬，伸向蜂巢，剎那間，蜂群遭襲，逃的、怒而下攻的、困於巢內的、傷而未死的，同時鳴叫，只聞嗡嗡鳴聲陣陣，令人不寒而慄，如果火攻順利，十分鐘左右，蜂群大部已被燒死，逃走的要在天亮才飛回來，此時燒蜂者或者直接上樹取巢，或者刀砍樹倒而取，同來的數人，便在原地分配所得，欣然而回。族人將蜂蛹取出，以水煮沸，即成美味，故擁有蜂巢的人，都是爲人羨慕的。只是每個人的眼力不同，眼力好的人可以在每日上工的路上多留心些，便能找到好幾個，有的人卻難得先見一回，似乎跟運氣也有關係。

另外有一種蜂巢是棲息在地下洞穴中，由牠們挖出的泥土，就可以明白牠們究竟有多大的規模，數量也大體可以掌握，只是此類蜂群，隻隻均極碩大，足有成人雙手拇指般大，毒性最烈，而嗜此味者，仍不稍畏卻。傳說今天近樂野的米洋曾有過規模極大的土蜂窩，據云蜂群都飛到特富野更上頭的山林覓食，後來靠許多人同心協力才能焚燒掘取。

族人遭蜂螫，並沒有什麼特別的處理方式，最常見的是就地撒尿，以尿液敷抹傷處，或是以生薑搗敷其上。蜂群並不主動攻擊，被螫者都是侵入牠們的蜂巢附近地域，才會遭來攻擊的，遭到蜂群攻擊，快速逃離是最好的方法。

捕魚方式

鄒族傳統的捕魚方法，約略分類，可以列出不少，譬如叉魚、網魚、釣魚、毒魚、堰魚、掃魚之類……這些方式，大概都按季節的變遷，並配合實際環境。

叉魚主要是在秋冬季河水較少，可以逆溯而上時。網魚常在一場較大的風雨之後，河水先前夾帶大量泥沙，泥沙把河床裡的滑苔沖刷淨盡，河水黃濁，族人便在潭邊以網網魚。往後的五、六日、滑苔仍未長出，魚類缺食，往往可見人手一竿，閒坐石上，悠然垂釣。堰魚也在乾旱時期，以便竭澤而取魚，只是這類並非正式的捕魚手法。掃魚是針對爬岩鰍而想出的方法，這類魚喜歡在瀨區多石而水流急速處覓食，族人便在夜間由一人張網於狹窄下游出口，另二人持竹帚由上游二側以扇形步步掃逐，鰍魚驚惶逃於下游，便衝入網內，加以急

●捕捉高山鯝魚。

流衝入，便無法逃出。另外也有以竹筌放置河流之中，由於入口窄狹，能進而不能出，水族進入便不能逃離。上述大致上是個人或少數人進行的捕魚方式。

與全社相關而具社會意義的捕魚行爲是毒魚。它是由全社的成員共同進行的，平時個人可以在屬於自己家族的河區內釣、叉、網魚，但毒魚是不被允許的。每隔一段時間，大體是在河水較淺的時期，全社約定時地後，青壯的男子負責挖掘供迷昏魚類的毒藤樹根，接著全體聚集在河流上游，男子們以木棒、石塊捶擊藤根後一齊投入水中，人們便隨之而下，沿流只見魚鰻蝦蟹浮游於河面，男女老少便持網捕取，較大的成魚一聞藤毒，往往向下游逸去，奔行快捷的年輕人便負責前行追捕，而老弱行緩的人則在後慢步而仔細搜尋昏滯的魚蝦；藤毒流走不久，所有的魚類大致都會復甦，此際收獲已豊，全體便攜著所獲魚，聚集於平坦開濶處，把魚獲倒成一堆，衆人便推派老者逐一分給每一位參與的人，人人便循前路返社。

鄒族在早期並非嗜魚的種族，主要的原因當

在於鄒族素來認爲水族不比野獸潔淨，所以有的祭典期間是不准食魚的，而且入溪河裏捕魚，尚勇武剛猛的男子多少是稍輕蔑於追捕猛獸的行爲。二十世紀初，鄒族吃魚時，仍有停留在正屋外小棚食魚的作法，因此可以瞭解的是，鄒族食魚習性改變的事實，不過是二十世紀才發生明顯進展。

傳統的交易

鄒族傳統的經濟生活是採行部落單位或氏族單位的公有制度，而亞氏族則是自給自足的單位。古老的生活習慣從食糧、衣著、器物都要能自給、自製，房屋的建造也是自已家庭的成員協助進行的。即使是酋長、巫師、征將等受族人敬畏者，也不能因此而不從事生產的工作，因此也沒有特別的生活享受。所以早期的鄒族社會並沒有太多的交易行爲，遇有生活資源不足的情況，常有饋送的事實，數量較大才有互換的交易行爲。

鄒族的交易方式大致分爲同族間的交易和對外族的交易兩種。同族間的交易有的是純粹饋贈，譬如粟、稻剛收穫時往往會相互贈送新酒、米糕以嘗新穀；在有獵獲、漁獲時，亦有饋贈的義務，惟饋贈範圍限於同氏族及姻親。另外在某一氏族缺乏某物資而他氏族適有多餘時，經過商談，彼此同意，即可交換。惟此類交易限於自家所能生產，購自他族而不易得的如

●椿米的鄒族人。（浦忠成／攝影）

鹽、鐵器、布等不在此列。交換時並沒有一定的價格標準，大體依習慣，譬如粟米一簍可交換稻米一簍，而工藝品則視製作時間，換取等值物品。至於對外族的交易，主要的對象是在西部平原的漢族，那是假手於社商進行的，社商源自荷蘭時代，負責雙方的交易。清朝也沿用此種方式，設通事，由通鄒語的漢人出入山地，交易的方法仍是以實物的交易爲主。漢人運入鹽、布、鐵器、飾物之類交換鹿皮、角、藥材等物。當時還有賒欠的辦法，後來由於拖欠以及對交換物品價值的認定有很大的歧見，加上有欺矇情事，導致出草獵頭的事件。

以前鄒族對外交易，習以鹿皮爲議價的標準，所以鹿皮可以視作鄒族的實物貨幣，譬如鹿皮從前可以交換黑布一疋與刀一把或者二十公斤的鹽，兩雙籐簍相當一張鹿皮等，那是由於習慣導致的結果。

交易的方式或形態，可以看出一個社會經濟生活的程度，也能看得出這個社會內層的關係的和諧與否，在古昔的鄒族社會中，當然沒有絕對富貴的人，卻也沒有絕對貧窮而無以爲生的人，自給自足，也能以多餘補不足，寧靜安謐，多互助之利而少巧取之弊，交易餽贈所隱含的是更多的誠懇、慈愛，那樣的情形當然是現在徒然能夠企慕而永遠不能獲致的。

●鄒族是採行部落單位的公有制度。

第四章 鄒族的生活哲學

當初曉耀眼的光采拂過霞山的山尖；
而遠射的光束直射面東的大崩山時，
古老的鄒族部落在人聲中甦醒。
男子聖所內，
長老正爲圍爐的子弟講述英雄事蹟。
耳戴彎月型的夜光貝；
皮帽裝上鷹隼的長羽翼，
廣場上，
青年男女正爲即將來臨的祭典，
練唱著已流傳久遠的歌謠，
緩慢的舞著與天地渾然相合的情調！

第一節　生命之禮

生育的禁忌

鄒族自古即因與人口衆多的鄰族相接，種族的生存常受威脅，在征戰盛行的時代，衆多的人口不僅是一種優勢，也是一種保障，因此昔時的鄒族社會普遍有多子多孫的切望。而且鄒族是一個父系的社會，向來較重男性，但是由於鄒族是有氏族外婚以及部落內婚的傳統習慣，因此對婦女並不輕視，所以除了對私生子、怪胎和雙胞胎(如同爲男嬰，殺較弱的一個；如係一男一女，則殺女嬰)，有溺殺的作法外，並無其他殺嬰的習俗。

鄒族對於婦女懷孕，認爲當守部分禁忌，譬如不能參加祭儀、接觸武器獵具、汲水竹筒，不能殺害昆蟲之類，也不能捕魚。到了臨盆的時候，體健而有經驗的產婦往往自行生產；初次生產的婦人則依賴丈夫的幫助或者婆婆、生母在旁扶持；也有請富經驗的婦人接生。生產時蹲踞地上，以杵架在木桶上支持身體，嬰孩生下時，用茅葉或小刀切掉臍帶，留三、四寸結在臍孔上，等待脫落後，拋到屋內高處，族人都以爲它會變成壁虎，在屋內爬來爬去。胎胞埋在院子僻處，嬰兒一出生即以溫水洗浴，以布包裹。產婦健康的話，生產翌日就可以在室內操作家務，但一般都要在產褥上休養三天，十天以內不能到田間工作。這段時間，丈夫也有些禁忌必須遵守，譬如三日之內不能赴田裏工作、不能到河裏捕魚、十天之內不可上山行獵、不能接觸弓矢、不能遠行、更不能參與出征，一個月之內不可與妻子共宿。

嬰兒足部先下、臍帶纏頭等難產都被視爲不吉利，需要請女巫加以祈禳。

面對生育而有種種繁複的禁忌，那是由於鄒族族人認爲那是生命極端脆弱而亟須嚴密保護的時刻；那些禁戒其實就是在使孕婦及其家人得以規避可能的意外災害，由此看來，許多民族所遵循的習俗規律，其實也都有它存在的理由，只是我們要耐心去撥開掩覆其上的神秘色彩和自己主觀的疑懼，那麼內心也就容易釋然了。

命名的方法

鄒族人爲子女命名是在孩子出生後幾天才進行的，通常先爲孩子以冷水洗浴後由父親或家族中的老人給予名字。鄒族傳統的名字屬於男子的是阿發伊、烏俄烏、莫也歐、雅普蘇有烏、悌布孫烏、佛尤、巴蘇雅、阿達依、發埃伊、雅伊布谷（僅汪家可用）等；女子則是那烏、沙尤烏、達妮弗、伊烏尤、莫德尤、阿姑阿妮、阿布烏、白茲、古阿德、雅烏于等十個。爲子孫命名時並沒有太多的約束，只要不與父兄、母姊同名即可。同屬一個亞氏族，也不加以避免，因此可見到祖孫、叔侄、姑姪或堂兄弟姊妹同名。名字一經決定，除非是患病或遭遇其他不幸的事；必須先禳祓而改名外，名字是不能任意改換的。

鄒族對於幼兒稱呼時，常使用簡化發音的乳名，等到成年，才以正確的發音方法稱呼。乳名簡化的方式爲：

javai→avai
moeo→moo
ujongo→uongu
japasvjong→japsjong
apu・u→pungu（或pu・le）

sajungu→saungo
paicu→pacu

相互稱呼、叫換時，對平輩或卑親往往直呼其名，對於長輩則當於其名之前加上尊親的稱謂，譬如：

amo -voeu（佛尤伯或叔）
ba-e -eangui（雅烏伊祖母）

對於不同氏族的人通常在名字之後，附加氏族的名稱，譬如：

eavai -e -tosku（姓杜的阿發伊）
pasuia -e -poiconu（姓浦的巴蘇雅）

這樣的稱呼是在公衆或嚴肅而正式的場合，甚或較疏遠的時候的方式；如果表示親近，一般人仍然喜歡逕呼其名。另外對社裏值得敬重的人物或者擔任類似征將、祭司之類職務的人，往往要另加稱職銜，以表敬重，譬如：

moe -euoz omu（征將莫歐）

鄒族人也喜歡給人取綽號(tosonki)，依照某人的缺陷和平時的嗜癖，附加在其本名之後，譬如：

voemi pasue或pasue -voemi（嗜酒的巴蘇亞）
eang'ue -tamaikukueunu（會旋轉的雅烏伊）。這樣的綽號，有的是自兒童時期，也有的是青壯時期就伴隨著，有時候它就伴隨著主人一生。

●族人互稱，往往直呼其名。（浦忠成／攝影）

●鄒族稱謂及適用對象表

基本稱謂(Pricncipal relative terms)

① amo—父
② ino—母
③ akii—祖父、岳父、夫之父
④ baii—祖母、岳母、夫之母
⑤ ohaiva—兄、姊
⑥ ohaisa—弟、妹
⑦ vcoŋʉ—配偶、夫、妻
⑧ ahŋʉ—妻之兄弟、夫之兄弟、姊妹之夫、姊妹之夫之兄弟、妻之兄弟之妻、夫之姊妹之夫。
⑨ oko—子、女、子媳、女婿。
⑩ peafeoju—外甥、外甥女、外孫、外孫女。

複合稱謂(Composite relative terms)

① amoconi—伯叔父、舅父、姑丈、姨丈。
② inoconi—伯叔母、姑母、姨母、舅母。
③ pupe-aamoa—堂伯叔父、表伯叔父、堂姑丈、表姑丈。
④ pupe-iinoa—堂伯叔母、表伯叔母、堂姑母、表姑母。
⑤ pupe-aakia—族伯叔祖父。
⑥ pupe-baaia—族伯叔祖母。
⑦ pupe-aahaiva—堂兄、堂姊、表兄、表姊。
⑧ pupe-aahaisa—堂弟、堂妹、表弟、表妹。
⑨ ooko—孫、孫女、外孫、外孫女。
⑩ pupe-ookoa—侄、侄女、侄媳、侄女婿、堂侄、堂侄女、表侄、表侄女。
⑪ akii-eutsinitsinihi—曾祖父。
⑫ baii-eutsinitsinihi—曾祖母。
⑬ auteueunu akii—族長。

集合稱謂(Collective relative terms)

① tsono emo—家人、同亞氏族人。

② tsono aimana—同族人，同氏族人。

③ pupe-nanatoto-ohaisa—族兄弟姊妹、表兄弟姊妹。

④ navofuza—母族。

⑤ peafeoju—甥族。

⑥ nanghia—妻族。

⑦ tome-teuemu—姨族。

●特富野社於一九九三年重建的Kuba。(詹慧玲/攝影)

命名是人一生中極其重要的生命禮俗，在這樣賦予名字的過程裏，一個人取得他正式的名位，在這個名位背後，潛藏著父母等尊親的期望，也模糊勾勒其未來生命的軌轍和形構。

成長儀式

鄒族的教育訓練和各級年齡層的升級儀式有密切的關係，當然性別的差異也造成所要接受的教訓內涵的差異。男性在鄒族擔任的職責係征戰、防衛、祭祀、狩獵、鬪地、訓練的事務，所以要傳遞和嫻熟的就是那樣的技術與觀念。附帶一言者，鄒族社會屬父系體制（主因在於男性擔負民族存亡最關重要的事項），男子訓練的系統也較為明白可見。最重要的儀式是初登男子聖所、初試工具、初嘗祭粟、成年等禮儀。

初登男子聖所(matkaea)

是在男嬰出生第一年的瑪亞士比祭儀之後，由其父（或舅）用竹杯盛滿酒，抱著男嬰登上聖所，表示與伊發弗歐（軍神）見面，此時部落首長或氏族長老撫摩其頭部，象徵已接納其為全社的一員，以後可以自行登上聖所。

初試工具(paekokai)

是在孩子週歲到二歲之間，先由母親製糯米

●初登男子聖所。（浦忠成／攝影）

糕，再携孩子到娘家，娘家事前已經得知外孫要來，也會製米糕、酒款待一番，表示慶賀之意，臨別時母族會備妥糕、酒、肉致贈甥族，甥爲男則贈送小弓(pobakʉ)一把，甥爲女，則送小鍬(fu・u)一把。回到本家，全家人聚飲母族的贈酒，有時候還會邀同亞氏族的人同飲；此時，族長携男孩至祭粟倉使其手碰觸祭粟倉，表示已爲本氏族的成員之一，接受祝佑，也要遵守禁戒。從此時到青少年時期，男女孩都跟隨著父母家人一同作息，雖然工作差異不大，但也已逐漸分離。

初嘗祭粟(paani-to-fʉesʉ)

是孩子長到十五六歲時，同樣由母親準備蒸糯米飯，再携兒女同返娘家。先由外祖母攝取小塊糯米飯，口中發出嘖嘖聲（鄒族人獻祭時常見，表示敬獻祭物，尚饗之意）以祭獻土地神——阿給瑪莫伊，並祝佑外孫，再同食糯米飯，一經食畢，就表示孩子已經長成；如果是男子，就開始要離開家庭，經常在男子聖所接受訓練，並且夜宿其上，平時父兄要狩獵，也必須隨行觀摩並親自動手學習；而女子也開始正式參加農耕的工作和家務的操持（以前只是幫助的性質，在集體的工作場合中不列入人數裏）。另外此一階段有一個非常特殊的習俗，就是經過初嘗祭粟的儀式之後，男女都要度過長達數年戒吃魚、辣椒、鹹薯芋、豆等食品的戒食期，期間只能食粟、糯米飯和獸肉、果菜之類。一直要等到成年禮舉行過之後才能解除禁戒。

男子成年禮(easmoeʉska)

原本是在敵首祭之後才舉行的，現在則併入瑪亞士比的儀式之中。行禮的時候，長老們在聖所內集合，青年(motshotsho)也在聖所前面集合站立，然後一一走上聖所，由一名長老手持藤杖擊打其臀部，並且教諭：「你已成人，不能再貪玩，要遵守祖先的遺訓（或遺俗），勇敢勤勞，不可以懶惰！」。其他長老也會加以訓誡，平時如有頑劣的人，這時更會遴選體健的長者，用力鞭打，以挫其頑劣氣息。再由部落首長或長老帶領到立社最早也最有貢獻的氏族

●持火把準備參加祭祀的少女。(浦忠成/攝影)

粟倉一趟，再走到別雍西家門口，由部落首長持葫蘆杓子(hopi)盛滿酒，每人由部落首長手持的葫蘆杓子中飲少量的酒之後退下。回到家中，穿上成年者的服飾後，再到聖所前參加瑪亞士比輪舞。

而女子參加成年禮者則各持一塊黑頭巾，到別雍西家集合，先由部落首長妻子訓誡後，逐一爲她們裹上頭巾，再由部落首長的妻子持著火把，帶領已行成年禮的女子行走進會所前廣場，與衆人輪舞。

完成成年禮的男女在鄒族的社會已經經歷了許多生活技藝、知識觀念的學習，並且要眞正擔負起部落內的許多事務責任，以後個人在部族內名譽地位的尊卑與否，都將與實際的作爲密切關連著，人人都不能逃避一己的責任，在一生的行事評斷中，也沒有僥倖可言。

婚禮制度

鄒族是遵守一夫一妻制的民族，在男子十六歲以後，就可以結婚，大抵是男長於女。未婚男女的交往，並不受到社會的特別限制，在平時工作、休閒以及全社成員都要參與的祭祀儀式裏，都是年輕人可以認識交往的好場合。但是婚姻在鄒族並非純屬二人的事，它直接關係二氏族，因此氏族中的長老，男女雙方的父母，便在婚姻的事上擁有相當大的主導權力。當男方有意於某氏女子，則請媒人說合，如果女方同意，即由男方贈二、三丈的黑布作爲禮物，當然說媒在形式上是極其冗長的請求與故作辭謝表白的過程，即使女方心裏已允准，其父、叔輩還要大力跺地，口出嚴厲的責罵言詞，因此前往提親的男方家屬如果遇到女方責難或不悅臉色的對待，其實那倒表示女方頗有允諾之心，如果一開始就是殷勤款待，那反倒不妙了。

婚禮極爲簡單，先由二方釀米酒、製米糕，再由男方父母及兄弟携酒至女方，與女方父母共飲後，即可携新娘回家。到家後，新人同坐爐旁，媒人坐二人之中，以手取糯米飯些許使二人共食，然後訓勉二人互愛互助，體念父母苦心，永偕白首，隨即邀氏族成員飲宴。飲宴結束之後媒人又携二人手，送到新郎床內，此時兩人中必有一人故意逃跑，但隨即由逃跑者的兄弟牽回。第二天做婆婆的就帶著新進門的媳婦到田間作象徵性的耕作。再過一、兩天，女方就會帶著新釀的酒，到男方迎接女兒、女婿回岳家，作岳父的先給女婿吃幾口飯，再帶他上山砍幾截樹枝回來。此後女婿就依二方約定的時間，在岳家工作，但女婿遇其氏族有大事需返回協助，也可以暫時離開岳家。約定的時間到期，男方父母就迎接新人回家，一般而言女婿在岳家工作的時間，從一、兩年到五、六年不等，全看雙方的約定。至於因求婚不成，男方用搶婚方式的情形，在鄒族社會也不少見，多半是男子先搶奪女子回家後，請氏族長

●現代婚禮傳入鄒族有二、三十年的歷史。(浦忠成／攝影)

老向女方的家族談判，請求允許婚姻，如果女方接受，那麼搶掠之事就不再過問，如果女方不能答應，往往會演成雙方氏族間的糾紛。交換婚姻的作法，也曾在鄒族實行過。

鄒族對其成員的結婚對象的限制向來極爲嚴格，其作法就是氏族的外婚及部落的內婚制，前者主要在防止近親通婚，而後者則是在求全體部落的團結。看看現在鄒族莫知依循，忽而中、忽而西的結婚儀式，再看看古昔的作法，實在令人無法不生深深的感慨。

葬禮儀式

鄒族看待死亡，亦有所謂善死、惡死的區別。前者是指老死、病死、戰死的情形；後者則指自殺、他殺、溺死、半路死亡、夭死、遭巫師咒詛而死、蛇咬等等。善死的人靈魂也是善良的，不會加害於人；惡死者的靈魂就變成幽靈，會作祟害人。得到善終的人，在病危的時候，親人會聚集在旁，臨終的老人會有一番勉勵或遺囑，彌留的時候，親人就把病人移到屋內中央地上預先鋪置的月桃草蓆上，爲他換上正式場合的盛裝，斷氣之後，便扶起使之成蹲踞的姿態，以兩手抱膝，又以三枝木棒支撐身體，男子用藤皮，女子用布帶縛緊，讓屍體逐漸僵直不倒。隨後族裏的男子便在室內挖掘墓穴，讓屍體坐於穴中，除刀槍等武器不能隨同埋葬外，死者生前使用的衣飾、煙具等，大都可以陪葬。屍體以土石掩覆後，便在墓穴上燒柴，讓地面乾燥，近親就地在地上就寢，藉以安慰死者。

埋葬之後，喪家在五日內都不能外出工作，禁止吃肉食、飲酒，也不能穿華美的服飾。第五天，近親又聚集於喪家，招來巫師，先以酒酒在墓穴上，家人再以糯米飯祭死者，隨後巫師就到戶外隱藏，家人在門前擺下裂竹、茅草，並在後門口放一盛著酒的竹筒。就緒後，巫師突然從戶外跳出來，到門口拿起裂竹及茅草，高聲喊出死者的名字，並擊打竹片，喊著：「你趕快離開吧！不要再留在這裏！走了之後，不要再回來爲害家人！」隨後走到門口，把竹筒中的酒倒在地上，再拿茅草結成長條，圍繞房屋的四周，並摘下茅草果粒撒在地上，也撒在

●掃墓的鄒族一家人。（浦忠成／攝影）

喪家成員頭上，以除去穢氣。儀式完成，全體一同圍爐飲酒。第六天，婦女必須清掃家屋內外，洗濯衣物，男子則要到河邊捕魚，並在河邊升火烹食，次晨以茅草結在身上再回家。接下去還要上山狩獵，再夜宿山中，第八日才能正常作息。

至於惡死者的屍體不可埋葬在屋內，不作葬儀，大抵是就地掩埋。如果死者的屍體被人發現而掩埋，那麼死者的家屬就應該割讓一塊耕地或獵區作爲報酬。另外，鄒族的屋室已無空隙埋葬時，則必要搬遷到他處，埋葬的位置不可重複，夫婦不可重穴。

對生命終止時所持的分別態度、作法，充分顯示鄒族對人與其一生所處環境的互動關係，同樣持有縝密而嚴肅的心理基礎。

身後世界——塔山

在阿里山遊覽區高處朝西南方向望去，常會看到平坦無邊際，卻是絢麗多姿的雲海，如果小心觀察「海」中聳起的不少石山，這些石山就是塔山的峯頂。

塔山(hocubu)是地形極爲怪異的山峯，它是由無數壁立千仞的石壁構成的。地形的奇特，加上質地的堅硬，導致地勢險峻，那灰黑的石峯和崖壁，便有了許多神秘的傳說。在鄒族傳統的觀念裏，塔山便是族人靈魂的歸處，靠東而地勢較高大的叫大塔山，靠西而較矮小的稱小塔山(由奮起湖後方看)；善良的人或善死者死後就到大塔山，行惡的人或惡死者死後則要

到小塔山。

塔山裏有著與陽世迴異的世界，是許多鬼神的居地，那裏有直通冥府的穴道，越深就離人世越遠。譬如鄒族的傳說中提到曾經有人因追逐山羊而走入塔山的一處洞穴，走了不久發現洞穴內竟然有一番天地，他也發現了人家，其中的人殷勤的招待，且有一女子與他成親。但是那裏的野獸卻與陽間不同，這個獵人出去打獵，獵狗每見蛇就猛追不捨，但是看到野獸卻不去追，因此一整天都沒有獵獲。他把所見告訴家人，家人便告訴他：「狗所追的蛇其實都是野獸，野獸反而是一些蛇類。」第二天他又再去，聽從他妻子的話，果然大有收穫。

另外鄒族也相傳有一對相戀的年輕男女，後來男孩生病死了，女孩天天悲傷的吟唱。有一天正當女孩又在悲吟的時候，男的突然出現，女的又喜又嗔的說：「既然相愛，那麼生當同生，死當同死，你要帶我到你所去的地方。」男的同意帶他，兩人就同到塔山，進入洞穴共同生活。女的常回社裏取酒，她的家人把酒送到塔山下豎有矛槍的地方，就有不見其形的人

●塔山－鄒族人的冥界。（浦忠成／攝影）

取酒。後來女的產下一子，她特地回社，在塔山裏的親人也隨同前往，在一同飲宴的時候，只見碗杯移動，卻不見人影，她的母親看見外孫可愛，接來一抱，就成樹根，送回母懷，又成嬰孩，但是雙方相處盡歡。後來女的跟她的母親說：「等我死的時候，我的白衣服會掛在塔山的山壁。」過了一段時間，人們果然見山壁上懸掛該女子曾穿著的長袖短衣。據說由前往豐山、來吉的的半路遙遠塔山，仍然可以看到白衣的痕迹。

筆者仍記得小時候近傍晚的時分，長輩們會指著天空兩旁一邊較白潔由東方的霞山來的雲陣，一邊則是烏黑的層雲正由塔山方向移動，雙方的雲陣會相互接觸、混合，往往有一方的雲陣會被另外一方所淡釋或染濃。據說那就是二地的鬼魂在空中交戰。每到這種雲陣出現，我們的雙眼就隨著雲霧的變化，內心交換著恐懼、興奮的情緒，當時黃紅的霞色照耀山嶺，而空中的鬼神正廝殺得厲害，小小的心靈眞能體味到人的渺小無助與大自然的廣大，潛力無限。

●小塔山是凶死者的歸宿。（浦忠成／攝影）

第一節　文學、音樂與舞蹈

豐美的口傳文學

歷來不同學門之研究者對鄒族之探討頗多，尤其自日領時期開始，就不斷有關於田野調查的記錄以及歷史文化的研究論文出現，這些記錄和研究者累積的成果，無疑已相當程度的揭開鄒族由於自立於漢族文化之外而產生之迥異面貌；也大致能描摹這個種族在其悠遠的發展時空中所呈現的變遷輪廓，這些都是值得珍視的。然而，我們仔細考察，卻不難發現，以往探究的重心似乎都偏重於族種分類、習俗紀錄、語言分析、音樂蒐集、祭儀或宗族制度之瞭解，甚或是政府行政措施的評騭等，鮮能就鄒族保存的豐富文學資產，就其形式與所表現的情感、思想和它所呈現的風格特色，進行分析歸納，由文學的層面去認識這個民族心脈的律動。要瞭解一個民族，由歷史的研究或由其文化、藝術層面的追溯，諸如部落、宗族制度、音樂、舞蹈、雕繪等，當然都能獲致一定的結果；而就其文學質責進行迻譯、闡釋，並在形式、內容上掌握它特殊的情韻，藉以知其以往、將往，透識這個民族的情意，也明白它興衰遞

●台灣原住民曾遭受強大的外來文化衝擊。

嬗的軌跡，這是文學的研究所能而可助益於整體研究的。

台島土著社會在近四百年來，不斷與外來的文化接觸，因之它們所能保存的也並非純粹的文化形質。隨著時代的演進，台島土著遭受日益強大的文化衝擊，馴而至今，其所一貫傳承的文化系統，已面臨最關鍵的時刻。每一種文化之所以可貴，不在乎它能否提供億萬人數的生活方式，而在於它具有迥異的質性。醞釀於斯土的土著文化，與次第上岸的諸多文化雖有融攝，但其能自保的獨特風貌，仍稱足多；由此可知，一文化之薪火，不因人數之多寡而興盛、澌滅；其繁衍之機，也在於本身獨具的要素。如果它獨具的文化形質已不復可尋，那麼它的生命已然止息。看待台島土著的文學，也當如是。

文學乃以語言塑造形像，以反映社會生活和表達作者思想情感，王夢鷗氏嘗說：「文學是語言的藝術——語言是它的本質，藝術是它的效用。」由此可知，語言是產生文學也是賴以探討文學的重要條件。鄒族的語言是否具備產生並保存文學的條件？衆所週知，台島各族土著都沒有文字以記載歷史及其累積的文化成果；鄒族人雖能於日常生活中製作許多足以表達簡單含義的標記、符號，卻未能進一步發展出一套有系統的文字符號。沒有文字，能否產生文學？沒有文字的民族能否探討它們在生活中的文學性活動或現象？構成文學的條件雖不止一端，如果我們承認文學是以語言爲媒介的藝術，也能寬容的認知語言的存在確乎是表現在文字和口頭的傳播二項，那麼前述問題的答案都是肯定的。朱光潛氏也曾說：「遠在文字未產生以前，人類即有語言，有了語言，就有文學。」（朱光潛《談文學》），中國的詩經、希臘的荷馬史詩，歐洲中世紀的民歌和英雄傳說，原先也都由口頭傳誦。而且語言學家們也相信「沒有任何語言比其他語言爲優異，……對任何人來說，他們自己的語言，就是他們之間溝通思想最有效的工具」（謝國平《語言學概論》）。因此，一種語言，即使口頭的語言，若它能眞實的傳達情感思想，有一定數量的人（群）運用，並且有相當程度的穩定性和嚴整的內在體

●鄒族有豐富的口傳文學。

系，也有其獨具的歷史文化背景，則其所產生的文學，自然就有一定的價值和地位。

依據語言學家的分類，台島各族土著語言屬南島語族(Austronesian Family)、印度尼西亞支系(Indonesian)，主要分三個語群，除排灣、泰雅二語群，另外就是鄒語群（費羅禮《臺灣土著族的文化》、《語言分類研究》），歷來有關鄒語本身的系統研究，已有相當深厚的基礎，透過這些研究也可以確切瞭解該語言的內蘊和特質所在，其所具備穩定、嚴整的質性，也可由此獲得瞭解；至於此一語言產生的背景，亦即鄒民在生存發展的進程中塑造的歷史文化，除可見之於物質層面的生活諸如屋舍、服飾、飲食、交際等等，概可揭之於以語言爲媒介的文學形式；因爲沒有文字的民族，就以其語言作爲馱載所傳文化材質的重要工具；由此可以瞭解，所謂鄒族口傳文學，即是以鄒語爲憑藉，而抒發其思想情感的口頭文學創作。

神話

神話原有廣狹之義，前者包括所有具神仙鬼怪內容的傳說、故事、筆記、野史、小說、雜錄和地方風物志等；而後者則是指原始社會流傳，敍述超乎人類能力的言行故事。現今的神話學家都已認同較狹義的界定，認爲那是初民依賴自然之力而生的信仰，而神話就是人類想像的最高創造。

●神話是人類想像的最高創造。

傳說

傳說是經長期流傳，具神秘性、歷史性的故事；它以特定的歷史事件基礎，進行敍述和評價；它與神話一樣，是基於原始民族，對現實生活要求改善，對理想、願望的追求，加以虛構和想像而創作出來。傳說與神話的主要不同點在於前者以人爲主體，所反映的大致接近或符合現實生活，而後者則以神或者半人半神者爲主體，所反映的多半是超乎現實的生活。傳說內容的事象和人物大都有其生起地方和時代的痕迹，代表一個民族在某時某地的一種普遍觀念，傳說雖也儘多雜奇而玄怪的故事情節，但它們基本上是立在人的本位上。

昔日鄒族爲保存其傳承之文化，除自幼時父兄以教子、弟，母姊以教女、妹之外，最重要的方式乃是部落的長老，在公廨圍爐講述部落沿革、與外族之爭鬥、遷徙史實或英雄事蹟、氏族祖先等等有關本族之傳統故事，教育青年認識本族之歷史，並陶養勇武精神。故有關氏族傳說、英雄、玄怪事蹟及動植怪談之故事情節，亦均爲講談之資料，惟此類故事極富，其內容之類型絕非單純易分。

諸傳說之內容雖仍未脫玄怪荒唐之氛味，惟由其內容情節之主體，已屬現實世界之人類，此乃不可質疑者，即使其中之蛇、穿山甲、狐狸、蝌蚪之類，皆以人身現身；尤以有些敍述，

● Kuba內燃火不滅的爐邊，是文化傳承的重要地方。（浦忠成／攝影）

根本與現實之生活觀念相符，譬如相傳浦氏家族之祖先爲風神子，相沿至今，族人皆深信：若浦家氏族有男子亡故，是年必有大風雨，與此故事相關者，即今浦氏家族待高氏家族，猶一家族人，執禮甚恭，緣浦氏族人祖先嘗爲高氏之養子。另諸傳說亦能明傳遞族人傳統之觀念，譬如：鄒族人深信塔山爲族人死後靈魂歸赴之處，故許多口傳故事，是以塔山下靈界爲故事發生之地；而有關亡魂在屋內索食之情節，也能反映昔日鄒族在屋內葬埋親人的習俗。至於述及人、食人種族與人化爲蛇之故事，是否與北鄒之賽夏、南鄒之排灣族有關聯，尚有待進一步考證。

民歌

民歌即流行民間之歌謠；與神話傳說一樣，也是賴集體創作以反映民衆生活，並表達思想或情感，以及願望的另一種藝術形式。文學的創始，起於口頭的歌謠，所謂「民稟天地之靈，合五常之德，剛柔迭用，喜慍分情。夫志動於中，則歌詠外發。……然則歌詠之興，宜自生民始也。」（沈約《宋書》〈靈運傳論〉）漢族之民歌，自詩經以後，至於楚辭，及漢魏六朝的樂府民歌、相和歌，降而唐代曲子、說唱等等，民歌具有優秀而源遠流長之歷史傳統。它不僅傾注了先民的感情，也往往馱載著生活和歷史之知識。呂炳川氏言：「以往台島土著族音樂與生活的連繫是強烈的，無論是工作、居家或喜、怒、哀、樂，皆以歌舞來表現，形成了音樂與日常生活不可分離的關係。」（呂炳川《臺灣土著音樂》《歷史文化與臺灣》）。

傳統的鄒族樂器有竹製口琴、弓琴、鼻琴、橫笛四種，由於它們都是簡單而能出的聲響並不多而廣，所以大抵只能奏出單調的樂音，它們可以合奏，也可以獨奏，但絕少伴奏以歌唱或舞蹈。鄒族的歌曲大體可分爲祭時的祭歌、歷史歌謠、生活歌謠以及飲宴時的酒歌四類。

祭歌

祭歌爲自古傳統流至今的古歌謠，只能在祭儀中集體歌唱，平時歌唱則視爲禁忌，其中的迎神曲、送神曲之類，聲調悠長緩慢，配合著

●祭場是族人生命聚合的地方。

忽前忽後的舞蹈步伐，顯示的是虔誠禮讚天神的心靈。

鄒族最主要之祭祀活動當屬瑪亞士比儀式，在祭典進行時，全體會衆配合歌謠曲舞蹈，場面整齊肅穆，其歌謠詞依次爲——

㈠迎神(ehoyi)：天神啊！豬已殺妥，血也已準備，請下來享用吧！

㈡送神(eyao)：爲祢進行祭典已經結束，爲祢唱的歌也已唱完，請祢回到天上，我們會繼續唱祢喜歡的歌，希望祢給予我們力量！

㈢祭歌(慢拍：peasvi no maeahe)：祭典正在進行，青年人趕快來參加！祭典是天神所傳授的，也是祖先傳給我們的。

㈣祭歌（快拍：peasvi no maeahe）：祭場上的火就是永久的生命，女子們！你們從家裏帶火把加入祭場上的火，並且加入我們祭舞的行列。

㈤歷史頌(toiso)：這裏(祭場)是全體族人生命聚合的地方，我們要表現我們的力量！

(六)青年頌(yiyohe)：從以前到現在，都舉行戰祭，雖然我們年輕，但勇武健壯，力足以殺敵。

(七)勇士頌：我們年紀雖輕，但都很勇敢，能獵殺野豬，擊敗敵人。

(八)悼亡魂歌：月亮啊！請你照著我們已逝去族人們靈魂所走的路。

上述迎神、送神、祭歌是鄒族戰祭中最具神聖性的祭儀舞歌，其餘的歌曲則是在正式而嚴肅的戰祭結束之後，隨即進行數日之久的歌舞祭中反覆唱跳的祭歌，雖然它們與舞蹈的配合方式大體相似，但是其間肅穆、輕鬆之差異，仍是極大的。值得一提的是，這些祭祀的場合所唱的歌曲，所用者都是鄒族之古語，與現在鄒族所使用者已有極大差異。由語言變遷的情形來看，它們產生的年代並不一致，約略言之，幾全屬鄒語古音系統之迎神、送神、祭歌諸曲，年代較早；而歌舞祭中唱跳而晚近鄒語成分攙入較多者，當屬日領時期經過一番整理的作品。這些歌曲在平時嚴禁吟唱，等祭祀前一段時日，由族中長老召集青年，集中練唱。緣於傳遞年代之久遠，加上今古語音之差異，祭儀諸曲之含義，族人大多只能模糊領略，即令是負責教唱的長者，彼此之間的說法也往往有些差異。

●鄒族青年的輕鬆歌舞。（詹慧玲／攝影）

歷史歌謠

歷史歌謠，是敘述民族歷史或追懷先人行事

的歌謠，言辭亦多古奧難明，曲調也多屬緩慢，此類歌謠多在較嚴肅的場合唱出，如祭儀或氏族聚集的時候，由老人吟唱。

分離之歌

我們從此要分離，到那裏去呢？
什麼時候能夠停下？
什麼時候能再相聚？
前途茫茫，這些我們都不知道。

驅瘟神之歌

讓我們做一個錯誤的路標，
讓追趕的瘟神迷失，無法追到我們。
我們要從另一條件路，
找一處躲難的地方。

相傳鄒族先祖於大洪水後，分途自玉山下山，臨別時作分離之歌。驅瘟神之歌敍述二百多年前鄒族山美社瘟疫流行，全社幾乎全部罹病死亡，倖免者便焚燒村落，向北方的達邦大社逃難，他們在半途設了一處處錯誤的路標，要使瘟神迷路，不能追到他們。

生活歌謠

舉凡表達族民生活諸內涵，如勞動、漁獵、行遊之類者，歸入此類；此種歌曲之吟唱，率皆隨興之所至，故其內容多樣，也饒富情趣。

漁獵之歌

嘿！讓我去看陷阱吧！
一路上聽到吉祥的鳥叫聲，
果然！（我）捕獲了獵物。
我把牠揹回去，一路上步履輕盈。
嘿！夕陽已經下山！
我聽到家人呼叫的聲音，
他們都等著我回來；
我揹著山羊，步伐眞是輕鬆！
嘿！我回到家了！
放下獵物，讓家人烹煮吧！
我可要痛飲一番，沒想到卻醉倒了。
——打獵歌
我到河裏捉螃蟹，
一隻大螃蟹從石縫中爬出，
巨螯夾住我的手指，眞是痛啊！
我到河裏釣魚，釣了很久，
卻沒有釣到一條魚，眞是難過啊！

●汗水流下，建立田園。
（浦忠成／攝影）

我到山上打獵，佈下許多陷阱，
卻連一隻獵物都沒得，眞是累啊！
——漁獵歌

工作歌

出發啦！我們一同上山工作。
太陽已經升起，
別忘了攜帶自己的用具。
出發了！我們一同上山工作。
我們都很勤奮，
耳際只聽到鋤頭揮動的聲音。
休息吧！已經到了中午，
我們都疲倦了，
不要忘了我們流的汗水。
回家吧！太陽下山了。
路旁的蟲叫聲聲入耳，你聽到了嗎？
蚯蚓的叫聲最悅耳呢！
——農作歌

行遊之歌

走吧！我們攀上塔山山頂，
走吧！我們看看四週的山峰，
那裏叢聚著高山，最高的便是玉山，

●教導兒童學習傳統舞蹈。（浦忠成／攝影）

白雪覆蓋著它，閃閃發光。
出發吧！我們到平原去，
出發吧！我們去看那廣闊的地方，
這裏就是大平原，那邊是一片丘陵。
旁邊的大海，閃動著亮光。
——遊觀之歌
衆多的山峰，無數的溪流。
向四週眺望，都看不盡。
祖先的步履，以前就活躍在這裏啊！
走在這裏的青年啊！
要紀念我們的祖先。
深的水啊！混濁的水啊！
它們都源自高高的玉山。
這裏的青年啊！
要懷念我們的祖先。
極深的水啊！污濁的水啊！
它們都源自高高的玉山。
走過這裏的青年啊？
我們的祖先也來自那裏啊！
——遠眺之歌

極深之水指著濃溪，混濁之水指陳有蘭溪及

下游濁水溪；玉山山巔相傳爲鄒族人祖先之發源所自，族人也相信其地仍留先人往昔的灶柱。

宴飲歌謠

酒歌是聚宴時互相唱和的歌謠，有固定的一些曲調，飲酒興高的時候，歌者可以配合當時的情境和心意，唱出即興想出的歌詞，其中有的是言辭已經固定的歌謠，也有玩笑或互相捉狹的歌曲。

我們相見不易，
趕快來一同飲酒吧！
我們很快就要分離，
心裏眞是難過。
——飲酒歌

大家都圍過來吧！大家都圍過來吧！
讓我們唱唱歌，講講笑語，喝喝酒。
今天眞是高興！今天眞是高興！
喝了不少酒，也講了不少笑話。
——歡聚之歌

拍拍手，搖搖我們的身軀，
踏出有力的舞步，我們都還年輕。
拍拍手，搖搖我們的身軀，
踏出鬆軟的舞步，我們都已老邁。
——拍手歌

鄒族之生活歌謠詞和宴飲歌謠詞，絕大多數已是今時通行的鄒語，其因在於此類歌謠於平時之適當場合，均可隨興吟唱，用以抒發情思，故能緊隨語言之變遷；而祭歌必於祭祀期間由專人教唱，餘時吟唱視爲犯禁，且教授者全依相傳之古語教人，絲毫不予更動，歌辭大義僅大略說明，並不做逐字逐句講解，形式僵化而無法緊緊與鄒族本身語言的變遷密合。歷史歌謠之吟唱，往往在衆人聚會之場合，年長者有意表達心思或垂訓晚輩，便引吭而歌，其音調大多低沈，旋律緩滯，雖多古語，但吟唱時機仍多，故族人仍能掌握其內容。鄒族習慣用合唱、獨唱或答唱方式歌唱；早期也曾輔以口琴、弓琴、鼻笛之類的樂器，但大多數都是以清唱的方式。晚近鄒族音樂日益受到漢族甚至外國影響，傳統歌謠雖仍能保存於各村落，但年輕一代族人所創作歌謠，卻明顯見出已攙入

●昔時的鄒族女性。

許多原非鄒族音樂之質素。

舞蹈

鄒族的舞蹈主要在瑪亞士比祭典時進行，步伐力求齊一，參加的男女並肩而立，與左右第二人携手，形成半圓形，舞步簡單，忽前忽後，或左右挪移；鄒族沒有表演及戲劇式的舞蹈，表現的純粹是緩慢而與天地自然相合的情調，另外也有跳躍或表現諧趣動作的舞蹈。

由於仍有許多的人虔誠的繼續進行傳統的祭儀、習俗，也有不少青年體悟這些文化質素的重要而積極參與，使這些傳統的鄒族歌舞都還能流傳著，比較爲人所躭憂的是那些樂器製作和演奏已經逐漸爲人淡忘，再沒有人刻意的去維護、承繼和學習，它將帶給鄒族的斲傷是難以估算的。

第三節　生活風格

毀形與衣飾

鄒族從無紋身的習俗，但是也有少數毀形的習慣。

拔除體毛

鄒族男女皆有拔除體毛的習慣，男子不蓄鬍鬚，額前的短髮也喜歡拔去，讓前額顯得寬濶，認爲那是雄偉的象徵；腋毛、陰毛亦拔去不留。女子則拔除臉部細毛、修整眉毛，陰毛、腋毛亦須拔除。拔除方法是男子以竹夾拔除，而女子則先用木灰塗在生毛部位，再用痳線捻

●鄒族人的衣飾。（浦忠成／攝影）

拔而除之。

穿耳

穿耳在三、四歲就由父母實施；先用手指揉搓耳垂，讓耳垂柔薄，再用木刺刺穿，以線通過，傷癒之後，用銅絲代替，等稍長時就戴上耳環。男子所戴的耳環爲由夜光貝製成彎月或三角形。女耳飾的形狀就多了。

缺齒

缺齒是鄒族比較特殊的習俗，而且是流傳久遠的作法。相傳是從前部落首長一子突然患病，口緊閉不能言語亦不能注入藥水，有一長老取一石頭敲掉他的前齒，再灌入藥水，才能獲救。也有說法是曾有浦氏族人因爭奪所分得獵區獸肉而殺害其同胞弟弟後逃離部落，爲了區別，便於其回社時捕捉，全社男子便拔去前齒二至四枚。拔齒在十三、四歲就進行，爲防發炎，多在冬季，以痲線繞繫拔齒上，右手握木柄用力拔去。拔除後上下缺齒對稱，微開口，舌尖微露，這是鄒族以爲美好的相貌。

束腰

束腰僅限於男子，在十一、二歲時，就開始以由木片或藤皮製成寬八公分、長五十公分的硬腰帶束腰。一束腰帶後，便日夜束帶，到成年時，男子腰部都如蜂腰，認爲美觀之外，能善戰、忍饑、耐勞。束腰要等五十歲以上才能解下。故觀昔日鄒族男子，絕無隆腹而痀瘻者，當係由於此一習俗。

另外鄒族也喜用珠貝裝飾帽、刀袋、項鍊、手鐲等物。如前所述男女的戴耳環，在相傳的作戰故事中，鄒族男子出征亦有戴耳環的紀事。至於刺繡的衣飾，鄒族顯然較爲貧乏；男子刺繡的衣傭只有胸袋、胸衣；而女子則用於額帶、胸衣、衣領、袖口、腰帶、裙邊等；所使用的花紋有十字紋、環紋、交叉紋、雷紋、蛇紋、菱形紋、三角紋等十數類。大體而言，男子喜用紅、黑、黃、褐諸色，而女子多用紅、黃、綠諸色。

鄒族在身體的毀形以及在衣服的裝飾，都有它社會文化的背景，不是隨意按己意佩戴，譬如從沒有射得鷹隼之類猛禽的男子，其所戴皮帽就不能裝上鷹隼的羽毛；而從沒獵得山豬的男子，也絕對不可以在臂上佩戴山豬獠牙的飾

鄒語對身體各部的名稱
(mao-oŋko ta feaŋo)

外部

頭 fŋʊʊ
面 saptsi
額 easʉŋʉ
頰 pino
眼 mtso
眼球 tutu-no-mtso
瞳孔 oŋko-no-mtso
鼻 ŋʉtsʉ
耳 koeu
口 ŋaeo
唇 sumsu
齒 hisi
臼齒 omu
舌 umo
頸 sʉnʉ
頸窩 eutsʉ'ʉ
肩 ei'si
腋 hi'ihi'i
胸 to'oenga
乳 nun'u
腹 bʉeo
臍 putsuku
背 fu'uhu
腰 tsipxu'o
臀 ptso
胯 katsi
手 emutsu
肘 pu'uŋu-no-emutsu
腕 vokʉ -no-emutsu
掌 tsaphʉ
指 dudu'ku
脚 ta'aŋo
大腿 fainʉ
膝 kali
小腿 eueu
腓 mabʉea
踵 eoski
男根 boki
陰莖 eatsu'ʉasi
陰囊 efutsu
睪丸 kefu-tutu
女陰 kʊt'i
陰挺 kumaeno
皮膚 snʉfʉsi
肛 feoŋo-no-te'e
毛(羽) mu'umu'u
髮 fʉ'ʉsʉ
頭髮旋毛 papua
眉 pe'pi'i
指甲 huo

內部

腦(脊髓) pnuu
氣管 teoŋo
肺 nʉt'nʉ
食道 vihi
胃 tsʉfuo
腸 seu
肝臟 ho'onʉ
膽囊 pau
脺臟 sukuzu
脾臟 tsʉpʉhe
心臟 tu'uhu
血管(或筋) veotsʉ
血 humueu
腎臟 putsueu
膀胱 fʉtsʉ
骨 tsʉehʉ
脊椎 tseʉtseʉ
胸骨 tsumu'u
肋骨 faeŋʉ
關節(大) pu'uŋu
關節(小) vokʉ
肉 beahtsi
脂肪 simeo

●鄒族人。（浦忠成／攝影）

物，因爲那是足以表現一個人勇武的象徵。鄒族的毀形及族人佩戴飾物並非全然只爲美醜而已，它們還有辨認、炫耀、激勵、肯定的意義在，不是當今可任意粧扮的情形可比。

兒童遊戲

在山林原野之間，或者社區的空隙之地，昔日鄒族的兒童從事的是迥異於他地的傳統遊戲。諸如競爬樹木，擲石以賽準賽遠之類的遊戲是司空見慣的，姑不詳述。

往昔鄒族孩童不拘男女，都擅攀緣樹木，所以有一種彼此追逐的遊戲，它是在竹林或茶樹林中進行的；其中一人扮鬼，也就是負責追逐的人，全體人數不拘，四散之後，各人爬上樹頂，不得下地，全憑身體的重量使樹枝傾倒，接近另外一棵樹的枝枒後，再攀附而移動位置，這全要靠強壯的臂力和敏捷的反應，被「鬼」抓到了，同樣要擔任追逐者的角色；到最後，「鬼」愈多「人」愈少，遊戲就結束了。這種遊戲，做父母的多半不喜歡，因爲萬一樹枝折斷，遊戲者很容易就摔了下來，造成傷害，但禁歸禁，好動的孩子都非常喜歡這種刺激的玩樂方式。

另外較正式的遊戲是「擲茅」，孩童們分成兩組，雙方以所採集的嫩茅草桿一段（不至刺傷人）互擲的遊戲，其實它是一種模擬攻防的玩法，各組有主帥領頭，並指揮全組爭取勝利；地點多半選在平坦而多叢草樹木的地方，這樣方便躲藏掩蔽。有的負責採集茅桿，有的在前頭伺機投擲對手，也有的迂迴攻擊，被茅桿射中，就得退出；遊戲時有仲裁者，亦有不必仲裁者的。以上兩種，男女童皆可參與，而打鳥、設圈套則多半是男孩子的事了。

舊日鄒族男童在外行走，大都携一彈弓，見所經路徑草叢或樹上有鳥踪，便取出射鳥；俟樹果成熟，有的直接隱伏樹下，候鳥覓食。射下鳥隻，當然要携返炫耀友伴，割取鳥爪，懸以紀念，也方便計算數目，跟人相較。比較的不僅是數量，還包括大小、種類，因爲這些可以弄清獲取時的難易。彈弓射得準，在同儕中極受尊重，有時儼然就是一個團體的領頭。設圈套多半選在隱密少人進出，而且有水源的地方，孩童們各自尋找最有利的位置設下蔴線圈套，以果實或昆蟲爲餌，捕捉竹雞之類的禽鳥；所得的處理方式，大抵如同打鳥有得時。

另外鄒族的孩童，也喜製作竹製的發射器，一種鄒語叫bloko的衝擊竹槍，它是由箭竹所製，取中空竹節削斷，再取較細竹子削成可穿入中空竹節的長度，在竹節二端置放樹果，再用力以細竹推入，因竹節充塞氣體，便會發出巨聲，並把原在內的另一果實擊出；另一種叫bliki是彈擊竹槍，以桂竹二節，上削出數孔以容納一支已削的竹片，它是利用竹節的彈力挑擊出置放竹筒的石塊，這兩種在近距離都能造成傷害，所以並沒有依此而發展出一套整體的遊戲，只是它們常由男孩隨身攜帶視如隨身的「武器」，有時也用來做惡作劇的用具。另外還有小弓（波帕可）、竹鳥（也普普）、陀螺（蘇努）等玩具以及盪鞦韆、角力射準等寓習於樂的活動。

●鄒族人的陀螺。（浦忠成／攝影）

當然，以農獵爲主要型態的鄒族社會，並不容許孩童們有太長太久的時間只是一味沈溺於純粹的遊戲玩樂之中；他們很快就得逐步學習進入成年世界裏（大約十三、四歲）該擁有的見識和技能，那些才是他們要立足於鄒族社會中最迫切要學習的事。

日常零食

昔日鄒族的兒童，與父母生活在山林溪畔，

有的是可以自由奔放的空間，走入林間、草叢、就有許多野果可供食用，穿梭在枝葉繁密的林木之間，奇花異草也許引不起他們的注意，而懸枝的鳥窠或飛鼠所棲的洞穴，卻是他們絕不會放過的。夏季正是桑椹和野莓果成熟的季節，做父親的，會削一隻竹筒，送給孩子，吩咐做兄姊的領著小的，到草叢裡尋找莓果，或者帶孩子們到幾株桑果纍纍的樹下，把竹筒子裝滿了果實，再尋枝嫩茅草桿，咬裂其軟質成條狀，用以搗揉果實，孩子們邊玩邊搗，不多時軟果實搗成汁，即以桿沾汁舐舔而食，其味甜美。當然在炎熱的季節裡，蟲蛇多，親長們也會叮嚀孩子們謹慎。

時計果（百香果）也在炎夏成熟，其他像野枇杷、山柿的樹果，也分別在四季裡，順序而出，滿足族童的口慾。另外還有一些比較頑皮的孩子會找來吃的，像櫬子樹或油桐樹上常見一種長出許多比米粒稍大果實的寄生樹，男孩們各尋一棵高樹，爬上枝枒後，便曲腿穩身，動手摘取果實，剝皮送入口中咀嚼，此果味稍苦，但恰如口香糖黏膩，淘氣的男孩在嘴內積成大塊後，便下樹捉弄別人，但是這種樹果小，要積成可以整人、黏人那般大的體積，還得花上大半天功夫。

茶樹（櫬子樹）上也長出因果實異變而生的白色軟果，鄒語叫fuc'u，也要爬上樹才能取得，這種果實軟脆而有微甜，可惜的是螞蟻總會比人快上一步。

路邊也常見野生的茄果，鄒語叫ponga，它外包薄衣，果色黃，味微甜酸，鳥類亦喜尋食；溪澗邊常見的苦蓮（姑婆芋），長出的果實紅豔而味美，獵人常就地設圈套捕取欲來食的禽鳥，孩子們反而不易吃得。還有一種飽含澱粉質的樹藤根，也是男孩樂於找尋的。它是委曲生長在土裡的，孩童們携著刀、扛著大小鋤頭，由年紀最大的領著，先分頭找尋藤莖條，尋得後先試挖，看根莖是直下或是橫斜而長，如果易掘，大家就輪流挖掘，直到全根已現，有時要費上一整天的時間；挖出後每個前來的孩子都會經由年長孩子的分配而獲他該得的一份。他們携回沖洗外皮，即可咀嚼而食，味道亦佳，但是經過蒸煮，它的味道就更香美。

雖說這些原野的瓜果是屬乎孩童最喜尋找的，但是年長的人又何嘗不會見之而流起三尺之涎呢！這些滋味迴異卻引人神往的佳物，就隱藏在山林叢草之間，不費錙銖，卻要花上一番細心的尋覓才能換取，那是不好由別人代勞的，委由別人搜尋而得，那滋味便不能長留在心。

現代鄒族人的一日

當初曉耀眼的光采剛拂過東邊霞山的山尖，而遠射的光束直射座西面東的大崩山時，特富野這個最古老的鄒族部落，在逐漸增多的人聲中甦醒；由西南側入村的道路上響起清晨時格外刺耳的機車引擎，那是村幹事在天尚未亮之前到吊橋下的曾文溪收起他昨夜布放的漁網；正在發動搬運車的年輕人，一面咬著手上由一位老師所製的饅頭，一面含糊的吐出了幾個字：「巴叔亞（男子名），收穫不錯吧！」村幹事回答：「還不錯，足夠晚上幹掉一瓶高粱呢！你今天不是要採收田裏的青椒？有錢人，眞讓人羨慕啊！」年輕人說：「我那一塊種的還算

●農耕的鄒族青年。（浦忠成／攝影）

不得什麼，烏歐烏（男子名）昨天採收的就夠他換一部新的YAMAHA！（機車名）」短暫寒喧，村幹事一路衝車返家，他要在上班簽到之前把漁獲從網上取下，清理後抹些鹽放入冰箱，鄒族人一向嗜鹹，連獸肉都要下較多的鹽，直到現在，其他的調味品都還是次要的用物。

他的妻子原是越南的華僑，個性溫柔嫻淑，嫁來那麼多年，除了那身白白的膚色和單眼皮之外，她其實早在內心裏也感覺到自己是徹頭徹尾的鄒人；她也爲鄒族生了幾個健壯的娃娃，連家附近的幾個鄒族老人故意講一些難懂的鄒語「引誘」她先生喝酒的「辦法」，她都一清二楚。相夫教子的那麼一段時日，她早也自滿自樂於這一片天地，心思再也不肯飛出這個天與山嶺相接，而川谷綢繆的世界。做村幹事的丈夫早到村辦公處了，他心裏老惦記著那一回風災之後辦理災難補助的村民。那些樸素憨厚的族人，對他苦口婆心的勸服他們將災情拍攝下來，好作申請補償的憑據時，只是不停的嘀咕著「不相信就去看嘛！」。孩子都還小，所以她只在家料理雜務。

●特富野社住家。（浦忠成／攝影）

一到白天，整個部落都是寂靜的，偶而隨風傳來托兒班的樂歌聲，再不就是柱著手杖在石板路上踽踽獨行老人緩節的行聲。這時正是夏季蔬菜採收的時候，部落裏的男女老少，見那家的果菜該採收了，便輪工去採來，送到嘉義，交給經銷的商人。山村在這幾年因著公路的開通，整個農業生產已經由純粹自給的形態，轉而與山下居民的生活需求，相連一氣了。許多嶄新作物的栽植方法，也早已不是徒有經驗的老人所能掌握的。

到了中午，村裏小學幼年級的學生放學回來，奔跑呼喊的聲音稍稍帶來了一些生氣。山村雖然也有不少人出去唸書，但是家長對孩子們的學業還是沒有山下人那樣的關心，最無奈是本身尚能指導，多讀幾年書的大半也都往山下去了，山村裏沒有多少可以激起孩子們努力向學的誘因，但是剛運到雜貨店裏的電動玩具，早有孩子在那裏浪擲由父母親口袋裏要得的錢幣。

吃完了午餐，村幹事騎上機車，往第九鄰查勘吊橋在多年未維修之後的安全性；順便也給那裏散居的村民帶一些衛生所要求順道送去的文宣資料。回程時遇見正由園地緩慢行步返家的杜老先生，這位高壽卻仍堅持操勞田間事的長者，怎麼也不相信、也不接受農會所推廣的新種作物，每年總是依序的種下地瓜、木薯、小米之類的作物，採收不及，經常招來山豬翻掘而食，爲了防範，只好在田園四週設下圈套捉。老先生向他說：「那夥山豬昨夜又來搗亂，可惜都不走我放的圈套！」。村幹事安慰老人：「明後天一定可以逮住牠們的！」。

傍晚回到村裏，那至今仍擅用鳥卜以知獵運的汪家老人，由山裏獵得一頭鹿；由於年老了，一年難得幾回入山，但每回入山，總不會空手而回，這次是爲了即將到來的粟女神祭才又到已經出入半世紀以上的獵區。老人的孫子送來二斤左右的鹿肉，他回贈山下的友人過年時送來的日本清酒。

全家剛吃完晚飯，太太正向他講著高家大叔下午又讓搬運車衝入水溝時，鄰長廣播要參加祭典的人員到男子聖所前練唱祭歌。他又騎車衝到雜貨店，買了一箱米酒、二箱啤酒，帶到廣場，那裏已經聚集了不少人，有人在細聲交談，有人在相互調侃在田間發生的糗事；他想稍晚些，大家酒精下了肚，歌喉唱開來，午夜前包準有更多精彩的事會上演……。

●鄒族的傳統住屋。（詹慧玲／攝影）

●達邦社的傳統住屋。（詹慧玲／攝影）

〔附錄〕

鄒族大事紀

・哈莫天神(hamo)或尼弗奴女神(nivenu)在玉山創造人類，天神播植於地，長出者爲人類或搖落楓果成爲人類。（註一）

・洪水時期，人(cou)　避水玉山頂(patun-kuonu)。（註二）

・制作瑪亞士比（maeasvi，戰祭）和祭歌。（註三）

・洪水退去，與瑪亞(maea)人別，以箭作記，據云瑪雅人領較多人衆而去。（註四）

・以氏族爲單位分途循陳有蘭溪、楠仔仙溪、荖濃溪、淸水溪等河流下山，進行遷徙與定居。（註五）

・各氏族分別在居地建立男子聖所。（註六）

・弱勢氏族逐漸依較強氏族，鄒族部落大社(hosa)漸漸形成。（註七）

・天神踩石留迹於特富野、達邦、石棹、公田、塔山等地，叮囑立社。尼弗奴、梭也梭哈神降地，尼弗奴神教導生活技能後返回天界。（註八）

・梁氏(nia-hosa)　建立鄒族最古老的大社——特富野。高、石、杜、楊先後加入。建立共同男子聖所，鄒族大社漸漸形成。（註九）

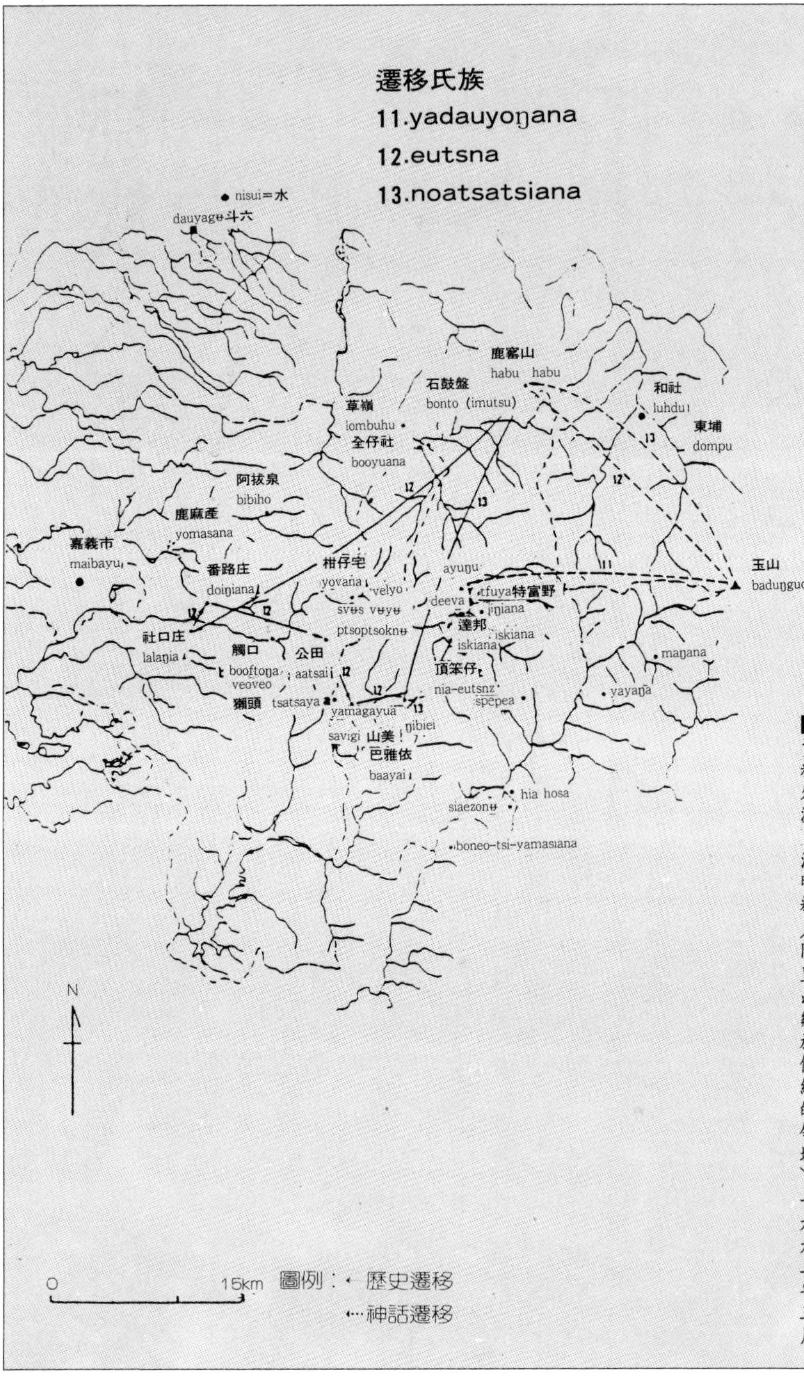

鄒族氏族遷移路徑圖(一)

■資料來源：汪明輝〈阿里山鄒族傳統的領域〉一九九二年三月

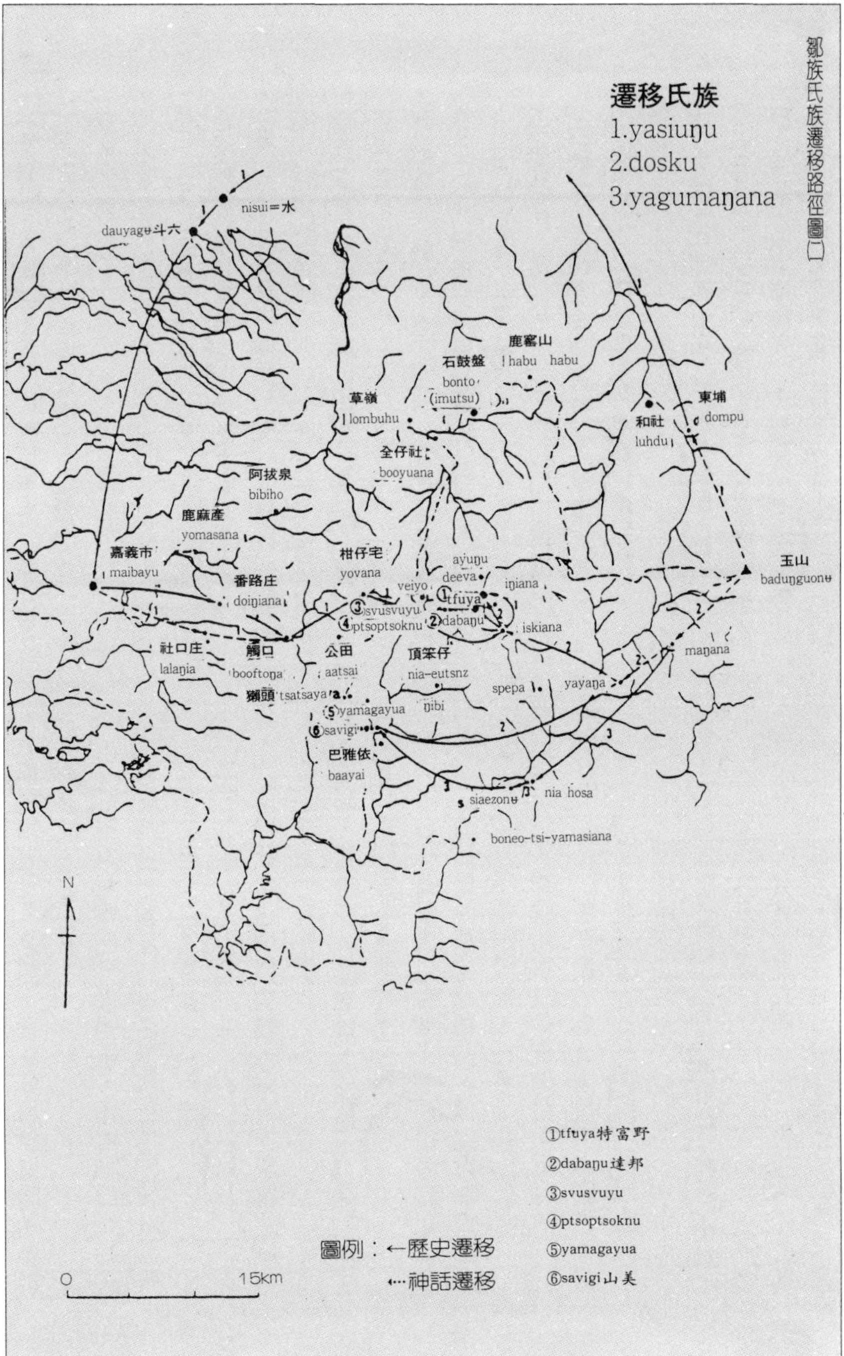
遷移氏族
1.yasiuŋu
2.dosku
3.yagumaŋana
nisui＝水
dauyagʉ斗六
鹿窩山
石鼓盤
habu habu
bonto
(imutsu)
草嶺
lombuhu
東埔
dompu
和社
luhdu
全仔社
booyuana
阿拔泉
bibiho
鹿麻產
yomasana
嘉義市
maibayu
柑仔宅
yovana
番路庄
doiŋiana
ayuŋu
deeva
iŋiana
玉山
badunguonʉ
veiyo
①tfuya
③svusvuyu
②dabaŋu
④ptsoptsoknu
iskiana
社口庄
lalaŋia
觸口
booftoŋa
公田
aatsai
頂笨仔
nia-eutsnz
獺頭 tsatsaya
⑤yamagayua
ŋibi
spepa
yayaŋa
maŋana
⑥savigi
巴雅依
baayai
siaezonʉ
nia hosa
boneo-tsi-yamasiana
N
0
15km
圖例：←歷史遷移
←⋯神話遷移
①tfuya特富野
②dabaŋu達邦
③svusvuyu
④ptsoptsoknu
⑤yamagayua
⑥savigi山美
鄒族氏族遷移路徑圖(二)

•杜氏及noacachiana 氏的伊西奇亞那(ishi-kiyana)、尼佛伊埃聖所建立（達邦立社，此聖所即廢去）。(註十)

•沙米基(saviki)的杜氏聖所建立。(註十一)

•mia -ueongana在euangana（幽阿阿那·，即今達邦）建立聖所·，大社建立。(註十二)

•nia -ueongana氏分出一支（此爲收養的漢人）赴伊拇諸建立聖所，後並有人重返達邦稱爲tapangu 氏，取得部落首長權，並改社名爲tapangu (註十三)

•阿給雅木麻——長毛公公(ake'ejamu'mu'ma) 取代梁氏而爲特富野社首長。（約西元一五〇〇年）(註十四)

•easiungu（安氏）與eucna氏在拉拉伊雅(dadangia)建立共同聖所。(俟漢族逐漸向山區侵墾，二氏分加入特富野、達邦大社)。(註十五)

•梁、高二氏等特富野社民及原居veieo 之eudunana（湯氏）移民魯富都，戰勝而驅走原住該地的木拇諸人，悉收其地。湯氏戰功最著，故爲此社部落首長。(註十六)

•鄒族四大社，達邦、特富野、伊拇諸、魯富都形成。(註十七)

•阿給雅木麻傳至三代絕嗣，遂由同氏族的高督阿那氏的雅伊布谷繼任特富野部落首長（peongsi·，別雍西）。（約西元一六〇〇年）(註十八)

•特富野社北挫伊拇諸社，南敗達庫布朗（布農族一支）。(註十九)

•達邦、特富野社向鄰境之地建立小社(leno-hiu)，開墾並兼顧屏障之利。

一六五〇·荷蘭人《台灣土名戶口表》記載有馬沙那、伊拇諸、比比荷、達邦、特富野等鄒族社名。

一六六一·鄭成功擊敗荷軍，荷人棄台。

·少數荷蘭人遁入阿里山山區後入居樂野社。(此爲樂野其時已立社之明證)(註二十)

一七〇〇·特富野向來吉等地移民，建立小社。(註二一)

一七一七·有瑪沙那（鹿麻產）大瘟，死亡甚衆，棄社而遷至比比荷（阿拔泉

社）。（註二二）

一七二一．阿里山、水沙連各社殺通事反抗。（註二三）

一七二三．設立「番大租」制。（註二四）

一七六一．設土官及通事。

一七六七．清乾隆三十二年，清設南北理蕃同知，改土官爲土目。（註二五）

一七六九．清乾隆三十四年，吳鳳事件。（註二六）以後，鄒族部落瘟疫、天花，鼠疾等惡疫流行，大量人口死亡。（註二七）

一七七〇．山美流行天花，死亡極衆。棄社衆往依達庫布朗社。（註二八）

一七八七．清乾隆五十二年，林爽文事件，特富野的毛達挪（勇士）助清軍防守阿里山，著有功績。（註二九）

一七八三．清乾隆五十三年，鄒族助清軍防亂有功者十人赴北京朝覲。（註三十）

一七九一．清乾隆五十六年，鄒族阿里山各社被納入北路屯防區的柴裡小屯內。（註三一）

一八四〇～一八六〇．布農族進佔陳有蘭溪東岸及其水源地，漸次進入魯富都社；甚且越過八通關，蠶食鄒族東界獵場。（註三二）

．布農族出現於茅濃溪流域之鄒族獵場。（註三三）

一八七一．鄒族人始有火鎗使用之記載。（註三四）

一八八六．楠仔脚萬社（即魯富都社）開辦學堂。（註三五）

一八九五．日人據台。

．鄒族特富野社派樂野社長與日人接觸，相遇於途。（註三六）

．達邦社首長uong-peongsi——汪嘉光率鄒族族人數十名至雲林民政部出張所與日人交涉，表明歸順。（註三七）

．日人否認鄒族所擁有「番大租」權利，嚴禁漢人入山與族人出山。

．日人任意侵奪處置鄒族原有之土地；統治者處理鄒族土地之張本確

立。(註三八)

一八九六·達邦、特富野社隸屬蕃薯寮撫墾署管轄。(註三九)

一八九七·uongu -peongsi 與moo 由林杞埔撫墾署選出，與其他族首長赴日本長崎、東京等地觀光。(註四十)

·兩度出征布農族部落獵首，此爲最後正式之儀式性行爲。(註四一)

一八九九·鄒族數人赴嘉義志願入學。

一九〇〇·達邦社設鹿造派出所。

一九〇四·達邦社設教育所。

一九一〇·阿里山鐵路通車。鄒族族人曾參與闢鑿。

一九一一·魯富都聖所歸併於特富野。

一九二五·魯富都部落首長絕嗣。

·伊拇諸社部落首長死亡、亦絕嗣，家族加入鄰社pungu。

一九二七·俄學者涅夫斯基氏(N.A.Nevskij)採訪語言、文學資料，並編成鄒語研究及鄒語字彙等著作。(註四二)

一九四五·台灣光復。

·高一生氏率衆訪嘉義市政籌備處。

一九四六·吳鳳鄉公所成立。

·長老教會傳入達邦。

·高一生氏擔任鄉長。

一九四七·二二八事變，鄒族有四十餘人（亦有資料記載爲六十多人）參加，因見原主力攻擊的漢人有和解迹象，乃由領導人率領退回山區，當時未獲重懲。

一九五〇·新美成立集體農場，達邦、特富野社紛紛移民。

·集體農場貪汙及牽連二二八事件等因素事件，鄒族高、湯、汪、方氏多人被處死，武、杜氏遭長期監禁(現均已釋放)。(註四三)

一九五四·眞耶穌教會傳入。

一九五九·天主教傳入。

·特富野因長老大多信仰新傳入宗教，停止maeasvi 祭儀。

一九七六·maeasvi祭儀恢復。

·嘉義客運通車（經大華公路）。

一九七七・特富野社首長汪光洋病逝，其子汪念月氏繼任。

・阿里山公路通車（嘉義客運改駛中興公路）。

・達邦社首長失踪，汪有義氏繼任。

一九八九・吳鳳鄉易名為阿里山鄉。

註釋

註 一・依據藤川崎之助《台灣の蕃族》載鄒族蕃社口碑及衛惠林等著《台灣通志稿》卷八《同胄志曹族篇神話》。

註二、三・鄒族洪水神話。

註 四・鄒族洪水神話。亦可參見註一。

註五、六・馬淵東一著《高砂族の移動及び分布》。

註 七・鄒族傳說。

註 八・鄒族神話，參見董同龢《鄒語研究》，俄國學者涅夫斯基(N.A .Nevskij)著《台灣鄒族語典》。

註 九・鄒族傳說〈梁氏蠻橫的故事〉，〈長毛公公的故事〉等。

註 十・同註五。

註十一・同註五。鄒族傳說。另參見《台灣通志稿》。

註十二、十三・鄒族傳說〈達邦立社的故事〉，另參見註五。

註十四・鄒族傳說〈長毛公公的故事〉。

註十五・同註五。

註十六・同註十一。

註十七・荷蘭《台灣土名戶口表》一書已記載達邦、伊拇諸、特富野等社。《府志》賦役條記載鹿楮（即魯富都）之社名，則鄭成功據台時當已立社。

註十八・鄒族傳說；《台灣通志稿》。按：約當西元一六〇〇年係根據以下的條件推測而得：

㈠《番俗六考》載：「康熙六十年（一七二一年）阿里山水沙連各社，乘亂（朱一貴作亂）殺通事以叛，六十一年邑令孫魯，多方招徠；示以兵威火礮，賞以煙布銀牌，十二月阿里山各社土官毋落（即voeu-peongsi）等……就撫」。鄒族特富野社的第一代peongsi（部落首長）為阿給雅木廡，傳到第三代時，因沒有子嗣，就由同一氏族的「高督阿那」亞氏族的「雅伊布谷」接替，後來又傳了好幾代，才由前述的voeu-peongsi 接任（《通志稿》所稱voeu-peongsi 距阿給雅木麻有三代，顯然有誤），由此可知，由voeu-peongsi 上距第一代部落首長至少相距六、七代（甚至更多），則雅伊布谷接任時當在此時或更早。

(二)《府志》賦役條已有「鹿椿」之社名，可知立社當比鄭成功時代更早，在此之前即賴雅伊布谷與巨食漢——蔑埃西(meaishi) 領軍，南北征討，爲進入陳有蘭溪立社的前奏。

(三)樂野社之成立係防禦南方「達庫布郎」（即布農族蘭社）等敵社的入侵，與《通志稿》所叙係二百四十年前立社不符，此亦可由鄭成功敗荷蘭人時少數荷人遁入阿里山區後入居樂野之事實可證（樂野社安、陽諸氏據傳均係amngu——紅毛人之後裔，彼氏之身高、容貌等均酷似西洋人特徵而與一般鄒族人有別；另阿里山鄉新美村亦採集得紅毛人逃避漢兵『當係鄭氏兵卒』入山的傳說，其地還有與其事相關的遺迹——「初木挪安木」『紅毛人之水』）。

另外特富野社與雅伊布谷同時的巨食漢——蔑埃西亦曾領衆南襲克阿伊(koai)人（疑爲西拉雅族或魯凱族），其能長驅直入其南疆以外之地，足證其時尚未有更強大的外來勢力（如荷、鄭、淸人）橫阻其中，此亦能據以推測其約略時間。

另有值得提出者係鄒族族人的口傳故事在講述時，常由於講述者欲強調其所叙述的確切性，喜言其事與今相距數代或何人曾聞及見及，然此類說詞不見得能視如書面文字那般而全然採信，故《通志稿》對講述人自稱與某人某事相距多少代的說詞均加以採信，致其推論顯然均過於保守，而且還有相互矛盾的情況（頁六、頁十二）。何況在鄒人相傳的雅給阿木麻——長毛公，其諸般行事大體具備神話的色彩，至少也是半人半神，在與其相關的傳話或神話教事裏，完全沒有外來事物或觀念的摻入，雜糅；而雅伊布谷已除卻神話色彩，其所表現，純粹爲英勇領袖的作爲，因此雖然相傳其人與長毛公相距數代，惟由此一變遷看來，二人相距恐係更久遠的時間了，惟雅伊布谷的故事也仍然找不到一絲一毫已與荷、鄭人接觸的線索，故仍當係原始鄒族的傳承首長，尚未受到外來的大影響。

註十九：依鄒族傳說。《通志稿》。

註二十：依鄒族傳說及田野調查。

註二一：此事當爲雅伊布谷率特富野衆丁報復性襲擊伊拇諸社而致其社勢絀之後開始進行，故時間仍有向前推置的餘地。

註二二、二三：依《番俗六考》。

註二四：此制爲清雍正三年爲解決原住民族與漢族層出不窮的土地糾紛而訂立的租借制度；此制承認漢族的侵墾爲既成的事實，也不否認原住民族爲獵場的原來主人，這項制度的建立，打開漢族繼續向山地墾拓的門徑。

註二五—《清史稿》。

註二六：連橫《台灣通史》；鄒族傳說。

註二七：鄒族傳說所述，深信吳鳳亡魂成厲鬼作祟於鄒族所居之地。族人相傳，社中常見似馬之物疾奔；也有聽見馬鈴聲者，見者聞者立即倒斃。此時期鄒族人衆大量死亡，全社盡病亡而導致棄社的情況，就在此時以後出現。

鄒族勢力大損，布農族乃在此際崛起，開始興盛，逐漸擴展其領地範圍。故學者咸結論，兩三百年來，鄒族係勢力減弱而領土縮小的民族；而布農族卻是勢力增強，領土大量擴張的民族。

註二八：依鄒族傳說。相傳亦有依附簡仔霧等南鄒各社者。

註二九、三十、三一：溫吉編譯《台灣蕃政志》。

註三二、三三：鄒族傳說。馬淵東一《通志稿》。

註三四：同註二九。

註三五：《通史》，《通志稿》。

註三六：鄒族傳說。

註三七：岡田信與《台灣慣習記事》《阿里山蕃調查書》。

註三八：《通志稿》。鄒族傳說。

註三九、四十：參見註三七、二九。

註四一：鄒族傳說。《通志稿》。

註四二：同註八所引涅夫斯基(Nevskij)著作。

註四三：田野調查資料。口述歷史，樂野耆老武義德、汪成源先生。中研院近代史研究所《二二八事件專號》。了然（化名）《阿里山曹族戰記》。《台時副刊》一九九二年二月二十七日。

輯二 神話傳說篇

洪水神話

洪水離去

㈠古時候有一條巨鰻，橫其身於河流下游出口，河流因此堰塞，而大水泛濫，群山也多淹沒水中。人們都逃往玉山。然水勢仍上漲不止，漸漸逼近玉山山頂，此時幸賴巨蟹以螯用力夾痛鰻臍，鰻魚驚慌之下而轉身，水便慢慢退出，大地再現。人們又爭先下山，墾地種植薯、粟等作物，逐漸恢復正常的生活。

㈡從前有一條大鰻魚橫臥在溪水裏，溪水被牠堵塞，就到處泛濫，整個大地都變成汪洋，高山也都沈浸在水中，人們都逃向八頓郭努山（patunkuonu·，玉山）。但是這時水勢仍然繼續上漲，快到達八頓郭努山頂的時候，人們正在憂心忡忡，有一隻大螃蟹跑過來，向人們說：「如果你們能給我一份禮物，我願想辦法讓大水退去。」人們問牠想要什麼樣的禮物，這隻大螃蟹走到烤火的婦女中間，注視女子們的下陰，這些婦女弄懂了牠的心意，便拔下幾根陰毛交給牠，螃蟹就高興的走開了。牠找到了大鰻魚之後，先找到一處可供他藏身的洞穴，然後先輕輕的用螯爪夾住鰻魚的肚子，鰻魚的身體稍微轉動了一下;接著牠就用盡全力，狠狠夾住鰻魚的肚臍，鰻魚感到一陣劇痛，驚慌之中，便翻轉身體，大水就流走了。

講述：湯保福（七十歲）

地點：特富野社

時間：一九九〇年八月十日

●湯保福。（浦忠成／攝影）

取回火種的鳥

人們在八頓郭努山躲避洪水的時候，火種都斷絕了，就派遣了哥有伊細鳥(kojoise)去找尋火種，哥有伊細鳥雖然已經找到火種，但是因為飛行的速度太慢，火燒到牠的嘴邊，牠忍不住痛，就放棄火種。人們又派了烏忽古鳥(uh'ngu)前去取回火種，牠飛得很快，順利的帶火種回來;從此大家又有火種可以用來煮食物，烤火取暖了。因爲烏忽古鳥取回火種有功，便特別容許牠在田裏啄取穀粒，而哥有伊細鳥只能在田邊覓食。這兩種鳥的嘴尖都是短而平的形狀，那就是取火種的時候燒過的痕迹。

講述：湯保福

地點：特富野社

時間：一九九〇年八月十日

馘首的故事

㈠上古時有位名叫「哈莫」(hamo)的神從天上降臨至新高山，創造了人類。人類歷經多年，逐漸地繁衍，各自選擇美地而分居各地。然而由於發生可怕的大洪水，四方皆猶如大海一般，因此散居各處的人們便再次避難於新高山，多數的動物亦同樣齊聚山頂。那時尚未有穀物，因而食鳥獸之肉，以求存活。

某時於屠殺狗後，不經意地將狗的頭插於竹竿前頭，立於地上，予以嬉戲，不知為何，竟感覺有一種快感。隨後思及，若為猿猴之頭，又將如何？逐漸產生愈強的興趣。最後終於殺了社內的頑童，將頭砍下置於竿頭，人們的興味更增一層。

而後大洪水逐漸退去，世界恢復原狀，人們也陸續下山。然而回想起砍殺人頭的快感，不由得便開始襲擊他社的人們，予以馘首。達邦社原來只有一姓，因獵殺他社人們後取其名為姓，因此至今已有十餘姓。

大洪水退去後，祖先於新高山頂率先建立了「伊西基亞那」(ishikyana)社。不久之後分為「伊姆索」(imuso)、「特伊基亞那」(toikiyana)兩個新社。特伊基亞那所在地位於今日的嘉義附近，後來分出的達邦社，是以取得「布農」族首級的勇士之名而產生的。

●伊西卡那社原在羣山之中。(詹慧玲/攝影)

㈡在四社蕃，從前有四個兄弟，從小便失去父母，由祖母一手帶大。一日他們砍下蜻蜓的頭，擺飾於石上，手牽手圍著石頭一邊唱歌一邊跳躍。之後砍下「塔瑞帕」(taripa)的頭，同樣置於石上，又唱又跳。一次、二次、三次，快樂逐次增加，甚至把腦筋動到其他動物的頭，最後終於產生砍殺人頭的欲望。然而，這並非易事。四人苦無對策，終於決定砍下祖母的頭，於是趁其睡著砍下首級。接著亦擺飾於石上，一邊觀看一邊手牽手，唱歌跳舞，感到前所未有的愉快，並決定往後都要殺人來取其首級，等到興頭已過，回過神來，才驚覺祖母混身是血，而頭則在石上滾轉，四人悔恨交加、悲傷不已，於是向神明祈求讓祖母的身體回復原狀。神亦憐憫他們，於是成他們的心願，讓祖母的身體恢復原來的樣子，四人則永遠力盡孝道，以爲回饋。然而一度記得的馘首的趣味卻無法忘懷，於是往後一看漢人，便取其首級，一個不留。

——鈴木作太郎氏《台灣の蕃族研究》收錄；陳佩雲譯

瑪雅和族人

(一)上古時在「邦特運克阿」(bantounkoa·，新高山)，有一間房子。無論眺望什麼，皆因海而看不見諸山。後來水逐漸退去，出現平地。我們的祖先之中便是於那時幸運地移居他處。其中一支赴往知母勝社，另一支則前往日本。他們臨別之際，將一把弓從中折爲兩段，拿到上半部的往知母勝社而行，下半部者則往日本而去。

另外，當時瑪雅(maea)帶領多數的社人同行，之後卻只剩下極少數的人。而昔日分別的瑪雅與今日的日本人服裝迴然不同，從容貌至體格，與我們卻一點也沒有改變，眞正是瑪雅，令我們極爲懷念。

(二)上古時有一位名叫哈莫的神從天而降，來到新高山，創造了人類。經過數年繁衍的人類子孫，各自選擇良地而散居，不久發生大洪水，陸地逐漸爲大水淹沒，形成大海，散居各地的人們再度至新高山避難。衆多的動物亦同樣群聚山頂。那時由於還沒有穀物，所以便將鳥獸殺而食之。某個機會，由於想吃狗，便將狗殺掉，並好玩地砍下牠的頭，置於竹頂端，立於地上，那時竟感覺到一種快感。於是又砍下猿猴的頭，同樣感到有趣。最後，又想到如果放的是人頭的話，那又會如何？於是終於殺了族內的搗蛋鬼，將他的首級放在竹竿前頭。之後，大水逐漸地退去，世界恢復成原來的景觀，山頂上的人類也分別回到平地。回想起當時砍首級作樂的愉快情景，於是便襲擊他族，取其首級，所謂「馘首」便是由此而起的。我們原來連一個姓也沒有，在殺了他族的人後，才取其名而有了姓，至今已有十餘姓了。

洪水後我們的祖先從新高山頂，首先建立了伊西基亞那社，不久便新出現了伊姆茲(imut-su)、特伊基亞那二社，一分爲三。特伊基亞那的所在地在今日的嘉義附近。當時在嘉義地方茂盛地長著一種名叫soo的樹木。那一帶爲與瑪雅的分界處。瑪雅帶領著大多數特伊基亞那族人北進。剩下的族人則移至他比艾亞那(tabieyana)，之後又分成達邦、知母勝、普拉(pura)三社。稱爲達邦，是因爲在組織此社時，第一個砍下布農族首級的勇士名叫達邦。由於一開始瑪雅帶著多數的族人前往，之後便只剩極少數的人。因此，雖然從伊西奇亞基亞那的本社出現尼阿烏右雅那(niauyogana)、諾阿沙奇亞那(noasatsiyana)及特斯庫(tosuku)三姓，但人數很少。於是，便遣人喚回散居各社的人。如此一來，便從特伊基亞那社來了亞西尤古(yashiyugu)、烏契那(utsina)兩姓，從伊姆茲移來他胖(tapan)。終於逐漸形成如今的規模。

和昔日分別的瑪雅及今日的日本人，在服裝方面全然不同，就連容貌以至體格，也不盡相同，因此，了解了眞正的瑪雅後，懷舊之情實難以堪。

——同前

〔附記〕洪水故事是鄒族非常重要的神話，它牽涉上古洪水之發生以及用火、獵首之起源，也大致敘述當時人們避水山頂的生活情況。基本上，它是神話、傳說交織而成的；依據許多研究者的判斷，它經歷了相當長的時間的形成過程；許多的民族都有洪水神話，而故事的內容卻都有相當大的差異，這都與該民族主客觀的生活條有關。鄒族的洪水故事，實在是後來許多重要祭儀的源頭，要瞭解鄒族的文化精神特質，也必須從它入手。

●從特富野鳥瞰達邦社。（詹慧玲／攝影）

天神造世界

尼弗奴神改造地勢

創造天地的神祇尼弗奴神(nivenu)有碩大無比的身體;他的一脚踏在特富野,另一脚踏在達邦後山上;祂走一步可以跨到阿阿在(公田);現在特富野社,達邦社和阿阿在一帶平坦的山頂,都是尼弗奴神踩過之後形成的。西邊的平原原本和鄒族所住的地方一樣有山峯,有深谷,經尼弗奴神走過之後,高山都崩塌了,深谷也被填平,變成一片平原。

●特富野社的聖樹—教會傳入時遭砍伐,此爲新植者。(浦忠成/攝影)

尼弗奴和梭也梭哈

相傳最先創造鄒族人的神明叫做尼弗奴,他用播種的方法從地裏生出了兩個人,這兩個人就是鄒族的始祖，由於不斷的繁殖，人就越來越多。尼弗奴教他們學會了許多的事；他也讓人們認識可吃的粟米，再教大家如何打獵；他也吩咐人們可以到溪裏河裏捕魚來吃，只是並沒有教大家種菜。後來他又教人怎麼編織竹筐、竹簍、竹筪等器具。等大家都有足夠的飲食，他又指示鄒族人所當活動的地域。特富野社就是尼弗奴教人前往居住的地方；他在特富野上頭的山脊上踏了一個石頭，留下足印，並且叮嚀族人：「你們務必要記得這個標記。」做完了這些事之後，尼弗奴就離開鄒族人。

過了一段很長的時間，尼弗奴又來了，而另一個叫做「梭也梭哈」的神也隨著來了，它是一個心腸壞、腦筋卻很笨拙的惡神，由他做的事，大多會招來不好的結果。有一次尼弗奴揑碎一顆穀粒，再把穀粒丟到一甕中，口裏說著：「你要裝滿美酒！」旁人一打開甕蓋，美酒果眞裝滿整個甕裏。梭也梭哈也想如法泡製一番，便向尼弗奴詢問要領，尼弗奴告訴他：「你只要向甕說，你要裝滿美酒！」就成了。梭也梭哈正想依樣畫葫蘆施術，一不小心踢到地上的東西，忘了該講的話，又去問尼弗奴，尼弗奴又講了一遍；沒多久梭也梭哈又忘了，他再詢問尼弗奴的時候，尼弗奴覺得心煩，乾脆回答：「你向甕說，你要裝滿已經發黴的糞便！事便成了。」梭也梭哈也依樣做了，一掀開蓋子，他的甕裏竟眞的裝滿了發黴的糞便。

有一回，二位神明沿著河流，到伊弗古達那二水匯流的地方去洗頭。尼弗奴洗頭的時候，水面便浮滿了許多木斛蘭的花屑；而梭也梭哈洗頭的時候，河面浮著的是大片的菌菇。

後來二神又向前走，梭也梭哈對尼弗奴說：「我要讓你成親。」尼弗奴眞的就隨著梭也梭哈去找尋結親的對象，而梭也梭哈替尼弗奴找來的是只有頭而無身的怪人。尼弗奴無奈的與他結親，但是始終盤算著要逃走。機會終於到來，尼弗奴對有頭無身的怪物說：「我到外頭去提水，很快就回來。」怪物不疑有他，就放心的讓他出門；尼弗奴一走出門，就小心翼翼的由外將門鎖住，然後問裏面的怪物：「你向外看能看到什麼嗎？」怪物回答：「在裏面什麼都看不見，你快去提水回來吧！」尼弗奴趕快就逃走了！跑了很久的時間，他忽然聽見後方也有跑步的聲音，回頭一看，原來是那個怪物追來了。尼弗奴就故意跑到佈滿岩石和裂隙的地方。那個怪物在奔跑的時候，一個不留神，就陷入了一個岩隙中而動彈不得，尼弗奴走近去看他，他對尼弗奴說：「雖然我被陷在這裏，以後我會變成有刺的茅草，在人們工作的時候，割傷他們的身體。」從此以後，茅草在人們工作的時候，割傷他們的雙手、雙脚、臉頰。

尼弗奴不久又與梭也梭哈相遇；梭也梭哈仍然想算計尼弗奴，他就偷偷的挖了一個坑，然後假意的拉起尼弗奴同行，尼弗奴不知道梭也梭哈又想害他，仍然跟他一起走。到了預先挖好並且僞裝過的坑洞旁，梭也梭哈突然把尼弗奴推入坑裏，並立即壓上了一塊又平又大的石板。尼弗奴在坑裏想不出逃走的方法，就發出聲音，呼喚老鼠。許多的老鼠趕來了，尼弗奴叫牠們把大石板四周的泥土掘開，有一隻老鼠把尾巴伸入坑裏，尼弗奴就抓著鼠尾巴爬出來了，所以鄒族不吃老鼠肉，就是這個原因。

尼弗奴從坑洞裏逃出後，還是碰見梭也梭

●汪老先生(minolu)。

哈，二個又再度結伴準備到遠地去。走了一段很長的路，尼弗奴便在草地上休息，這個時候，梭也梭哈卻想擺脫尼弗奴，便暗中離開尼弗奴。尼弗奴等候好久一段時間，感到孤獨，便想回去，於是他說著：「我屋前的刺竹啊！讓你的末梢伸過來吧！」話剛說完，刺竹的末梢果眞從遠方伸了過來，尼弗奴一抓住末梢，它就開始縮回去，沒有多久，尼弗奴已經站在自家的庭院中。回到家不久，尼弗奴想到是該離開的時候了，便繞經特富野社，再度的叮嚀那裏的人：「我所教你們的所有事情，千萬牢牢的記住，這樣你們才能永遠有充足的飲食。」從此以後，再也沒有人見到他了。

講述：汪老先生(minolu)

地點：山美村

時間：一九九二年二月十五日

神播植人種

古時候哈莫天神從天上降臨特富野社，播植人種。祂播下的種子從土地裏長出來，就成爲現在人類的祖先，所以人叫做「滋木非多久阿」意思是「從土裏長出來的」。天神造人，就是最初那一次，以後的人都是由泥土中長出來的人相互交配而漸漸繁殖增多的。

樹果變成人

古時候哈莫天神(hamo)搖著楓樹，楓樹的果實掉落地上，就變成人，是鄒和瑪雅族人的祖

●竹筐是日常用具。（詹慧玲／攝影）

先。後來哈莫天神又撼著茄苳樹，茄苳樹的果實掉落地上，也變成人，那是布杜（漢人）的祖先。

〔附記〕台島原住民各族始祖神話，有言係生自巨石者（泰雅、雅美、卑南、魯凱諸族），有由太陽所生者（阿美、排灣等族），亦有由動物、蟲類或巨人屍化者（布農、賽夏、泰雅族之賽德克一支等），而鄒族以樹果、樹葉落地化而爲人或播種長出成人之說，極爲特殊。神話內容會隨著一個民族生存環境的變遷，或與外族相接觸而有改變或增刪，天神造人之說，言及漢人，可知這種說法是與漢族接觸後加上的。又創造天地的神祇尼弗奴神話，殆在解釋鄒族今昔生存地域，其地勢有高峻深險和平坦廣濶之差異。鄒族雖視此一故事之主體人物尼弗奴爲創造天地之神祇，但天地究竟如何創造，則並無提及；此神在鄒族人心目中之地位並非十分重要，甚至有關的祭儀中也沒有此神配享的跡象；反倒是相傳播植人種的哈莫天神爲鄒族最尊崇的神祇。

●尋找天神留下的足跡。（浦忠成／攝影）

氏族的由來

阿雅由戞那氏的來源

從前浦家有一個男孩，因爲他的身體不好，經常生病，而且一直都不說話，所以並沒有爲他取名字；加上他的個性很沈靜，很少人願意搭理他。有一天他靜靜的坐在一個角落。眼光注視著前方隨風搖動的芋葉，不僅如此，他的頭也隨著芋葉左右晃動，嘴裏也一邊唸出「阿由古、阿由古」的語音，他的父母在旁看見孩子總算開口了，靈機一動，說：「我們乾脆就稱呼他阿由古好了。」從此男孩的身體就逐漸變好，話也會說了，後來由他分出的氏族就叫做阿雅由戞那，其實這個氏族根本就是與浦氏同宗的。

被父母拋棄的孩子

從前有雅伊斯戞那氏族（jasikana .,石氏）的人上山犬獵，他們走了很遠的路，卻聽到一個孩子不停哭號的聲音，他們說：「這個不停哭叫的孩子到底在那裏？」於是一行人決定找尋這個孩子。後來他們在一處懸崖邊發現他；原來是孩子的母親把他棄置在那裏，存心想要讓那孩子摔落深崖。雅伊斯憂那氏族的人發現那孩子之後，便帶他回家，決定收養。後來爲他取了一個姓氏的名稱，叫作「帖挪阿那」，意思就是「沒有父母的孩子」。他就是，帖挪阿那氏族（teneoana·,安氏）的祖先。

山貓汪氏養子

特富野社kautuana氏（汪氏）常將玉黍蜀皮棄置一處，日久便堆成小丘。有一天汪家二人經過，一人聞放屁聲，奇怪之餘乃停步不前，另一人卻嘲笑而催其速行，惟聞者仍佇立不移，果然又聞其聲，乃招呼同伴，言玉黍蜀皮堆中似有人，同伴不信而嘲笑，兩人起口角，爭論中又聞聲音：兩人走近，推撥黍皮，果見一健壯男嬰臥於其下；二人近前欲抱之，忽有山貓迫近阻止；二人欲其遠離，投以香蕉，不肯食，惟注視屋舍前之鷄，二人乃捕一隻與山貓，山貓即飛撲而咬食，有一人隨即乘間急抱小兒入屋，後取其名爲sangoana（汪氏養子，今已無後）；以後山貓並不欲追回其兒，只初數日來屋內伏臥其旁，不多久，便不再來。

風神之子

從前有一回暴風雨過後，雅達烏有阿那氏族(jataujongana·,高氏)有個人到田裏查看，看見所種的香蕉樹都被強風吹倒，只有一棵立著，他過去一看，樹上有一個十歲左右的男孩抱著香蕉而垂下，雅達烏有阿那氏便把他扶下來，並且問他從那裏來。男孩回答：「我是風神的孩子，昨天刮了大風，把你所種的香蕉樹都吹倒了，我的父親十分愧疚，所以派我來當你的養子，來報償你的損失。但是我的父親每年都會來看我一次。」雅達烏有阿那氏就帶男孩一起回家，原先爲他取了一個姓名叫「柏也別雅那」，有人說不太好；後來又改爲「博伊哲努」（poits'nu·,浦氏）。自從雅達烏有阿那氏撫養那個孩子之後，每年總會有一、二次的暴風雨，而且只有他們的家被風吹刮得最厲害，大家都說一定是孩子的父親來看他的孩子。

講述：浦勇氏
地點：特富野社
時間：一九九〇年三月二十九日

●浦勇民。（浦忠成／攝影）

里佳立社的傳說

在伊西基亞那社的溫氏家族有兩個兄弟：哥哥叫莫哦，弟弟叫阿發伊，平常兩人分別到不同的地方打獵，哥哥就翻山越嶺到了這裏打獵，也順道尋找肥沃而可種植作物的地方。每當他出門的時候，總會隨手攜帶著蕃薯蔓條或者粟米，在這裏上頭的大石附近種下，後來種的越來越多，因此知道此地的土壤很適合種植作物。

就這樣過了很久，有一年又到了粟收成的祭典，到了這個時候每個家族的成員都要回到大社去團聚，而哥哥卻沒有像往年一樣趕回去，父親覺得納悶，就派弟弟前來查看。弟弟循著哥哥常走的山徑一路走來，一翻過山頭，向下一看，見那大石下的緩坡有一大片金黃光彩的成熟粟米，哥哥的獵屋裏，也早已有一大堆已曬乾的一把把粟。這時他才知道哥哥早就想在這裏開闢新的家園，於是便跑回家取來一隻圓形藤簍，交給哥哥，並說：「父親交待我轉告你，以後就不必常常回到伊西基亞那的老家，在這裏住下好啦！」哥哥也就眞的留居此地，父親還對哥哥說：「以後你的名字就叫莫也尼亞烏基那！」（尼亞烏基那社的莫哦）。

哥哥莫哦遷來之後，由於這裏土地肥沃，野地裏也有很多的野獸可以獵捕，所以安氏、汪氏也隨後遷到這裏，這裏的人也越來越多。後來有一條狗喜歡由大石頭向下跑，並在一處地勢較緩的坡地上產了幾隻小狗。衆人發現那裏的土地更好，於是從大石頭旁的坡地下遷，遷到現在村落的位置。當時這裏的人口雖然越集越多，但是並沒有部落的首長，有人死了，要通知大社，獵到野豬也要將豬牙送回大社，到了粟收成祭典也都會趕回去參加，並且攜帶粟、酒、肉等贈送給大社裏的親友。後來經過這裏的長老與大社的長老協商，在這裏也設了部落首長（peongsi，別雍西）第一任是烏俄恩也別雍西，第二任是雅巴蘇有烏別雍西，現在是村長之父汪傳發先生擔任。

講述：武義亨（六十五歲）、莊英池（六十九歲）洋知丁（六十五歲）

時間：一九九二年二月七日

地點：阿里山鄉里佳村（尼亞烏基那社）

〔附記〕鄒族姓氏的產生是長期歷史演進的產物，所以它並非約定俗成的，而是各有成因，如武氏（木卡那那）相傳其祖係被俘而蒙眼帶回的敵童，收養者極憐愛其人，每逢上山狩獵有獲，要背回獵肉時，往往叫他背「肺」（木奴

●里佳社。（浦忠成／攝影）

mungu)，那是最輕的部分，所以其姓即「背肺者」之意。鄭氏稱「地牙奇阿那」，相傳係族人昔日出征時見此兒逃匿樹上，一人引弓欲射，兒大呼「地牙奇」衆人不射，令下，携回社裏撫養，長大即予姓曰「地牙奇阿那」，意即「自稱地牙奇者」。陳「阿古雅那」係其族一男童性懶，全家上山工作，其人每藉尋找養犬「阿古渝尼」而溜回家休息，俟其長大分氏，即名以「阿古雅那」氏，意爲「找阿古渝尼（狗名）的人」。另外梁氏有「沙崙阿那」一支，傳其始祖乃狐狸；而汪氏的「婆沙那」，其先則係溪中的鮑魚（或者是婆伊）。

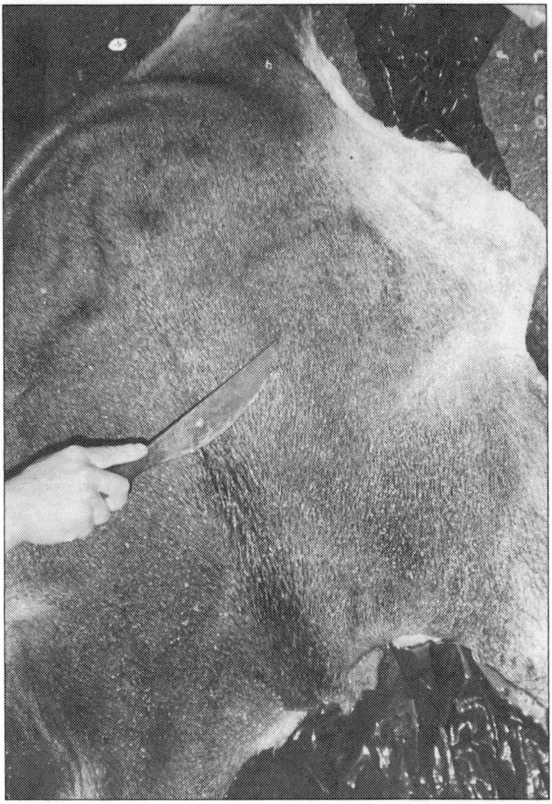

●鄒族獵物的分配，有一定的法則。（浦忠成／攝影）

天地的奧秘

射月亮

很久以前天空是很低的，太陽和月亮的光線非常炎熱。月亮是男的，而太陽是女的；月亮的光線比太陽的光線還更強烈。人們在太陽升起的時候，還敢背著木板出門；等月亮升起來的時候，大家只好躲在家裏，伏臥在床上喘息，這樣日夜不分，夫妻也不能親近，只有等候沒有人看見的時候，匆匆的交合。

有一天，有伊弗（巫師）說：「如果一直這樣下去，總有一天我們會絕種，乾脆殺死月亮。」於是他就帶著弓箭去射月亮。箭正好射中月亮的肚子，它的血滴落到地上，大地的顏色都改變了；現在在山中看見的紅色石頭，就是當時月亮的血染成的。從那時候開始，月亮的光熱就減去，它的肚子也出現了箭射中之後的黑色痕迹。當時月亮被射中之後，太陽、月亮都不敢升起來，使世界成爲一片黑暗；有伊弗便砍伐了山中的樹木，燃燒用以照亮黑暗的大地。等到樹木砍伐完了，只好拆毀房屋，劈開木臼，當作木柴燒，大家都非常煩惱。

有一天，太陽在東邊稍稍升起，但是又很快

的落回東邊；以後它又每天上升一點點，總算升到天空中央。以後它又上升，到了天空中央，稍微斜向西邊，便突然落向西方；當天晚上，便有鎌刀形狀的月亮在西邊的天空照耀著；從此以後，太陽從東方升起，而降落於西邊；太陽落下之後，月亮就接著出現。從前的月亮是經常滿盈的，現在要等一個月才能看見它原來的面貌。

講述：汪傳發
地點：里佳村
時間：一九九二年二月十三日

日升月落

㈠創世的古代，天很低，月比太陽更炎熱；因此，人不分晝夜被晒得不能安居。如要外出，要在光熱較弱出太陽的時候才敢出去，而且身上非背蓋薄枝遮日不可。比太陽更炎熱的月出來的時候，祇好躲藏在屋裡了。弄得夫婦間的同衾也不如意，以致人類瀕臨滅亡。

哈莫神目擊此狀，極爲垂愍，則用兩手撐高了天盤。自此，天才高到到現在的高度。因爲這變動來得太突急，一時月失去了踪影，太陽也改變了行道，竟東出西入，且一出來就很快地落下去，隨之下界也變成一片黑暗。人們爲了取光，也就伐木去燒，不久所有的樹木都被燒光，這樣連睡住的地方也沒有了。

●達邦首長汪傳發。

於是，人們又向哈莫神祈求保庇。果眞，太陽日比一日高昇了，終於長懸在中天。又於次日，它稍傾向了西方就落到西邊去。如是，那天晚上始在天上出現了鎌狀的東西，那就是弦月，自此以後，日一沒，月就會出來，一如現在的樣子。

㈡上古時，天空離地面很近，而且月亮的光熱比太陽強，不分晝夜地照耀著大地，如火燒一般。人類困擾不已，只能選擇光熱度較弱的太陽出現時外出，同時必須在背上放置薄板，才足以承受陽光的熱度。當光熱度更甚之的月亮出來時，即使躲在屋內最裏部，身體亦猶如快要熔化般痛苦不已。神見此情景，便將天提高至今日的高度。然而月亮遭此變動，忽然失去了強烈的光芒；太陽也迷失了方向，而從東邊昇起又往東邊沒入。另外，考慮到若直接轉爲黑暗的世界，人們必將焚木取火，山中的樹木將因而消失殆盡。因此，神心念一轉，便讓太陽從東邊昇起，正午懸於天空正中央，傍晚再沒入西邊。夜晚開始時，則出現如鎌刀狀的弦月。此後便成爲白天昇起溫暖的太陽，夜晚出現冷涼的月亮，也就是今日日沒月出的情形。

——藤崎濟之助著《台灣の蕃族錄》；陳佩雲譯，下同。

地震

地震稱爲「模特伊否伊」(motoivui)，起因有如下兩種傳說。一說爲居住在北部的部族所流傳的：據說從前只有天，沒有地。而由擔任土地之神的阿克伊・瑪梅有伊開始創造了地，並加以守護。若是沒有此神靈護佑時，地上的土石將悉數破壞，人們無法安逸地生活，地震即因其發怒而產生時。另一說爲位於南部的部族所流傳的：靈魂即爲惡魔，經常群集於地下，進行戰爭。只要它們碰觸樹木或絆到岩石等，其聲響便會影響地面，產生地震。

——鈴木作太郎氏

〔附記〕射日神話可見之於台島原住民間（泰雅、賽夏、布農、魯凱、排灣各族均有），就如漢族天有十日及后羿射日神話，與北苗蠻、氐羌、百越等族的太陽征服故事一般。在許多民族的自然崇拜中，太陽與月亮經常是生命力、農作豐收、雨量、戰爭、王權等有關的信仰對象；王孝廉《中國的神話世界》言：「……西南諸族以及台灣高山族所見征伐太陽的故事，有些是與他們的祭儀有關；有些則是單純的自然現象的神話說明。」鄒族此類神話，未見其與現存祭儀或某些特定習俗有直接相關的地方，當是對日月在晝夜更替及天旱現象一種解釋說明的結果。民間文學者觀察，射日神話分布在黑龍江以下的中國，東北以下沿海地方，到達台灣、中南半島、菲律賓各島嶼，其他地區則鮮有見及。

●高雄三民鄉的「南鄒」回特富野參加祭典。
▼日月潭的邵族是鄒族的一支。（詹慧玲／攝影）

長毛公公和河神

長毛公公阿給雅木麻的故事

㈠從前有位梁氏婦人，她一共生了三十個男孩。後來這些孩子慢慢長大，仗著人多勢大，行爲漸漸放肆起來。有一天，他們看見外公靜靜坐在一旁，便對他說：「外公，您到這裏來，讓我們拔你的頭髮。」他們就一起惡作劇，竟然把外公的頭髮全拔光了。頭髮拔光之後，他們的外公就一面吐口水，一面咒詛這些惡劣的外孫們。過了不久，這三十個兄弟統統都生病，接著也一個個的死去了，剩下他們的母親孤伶伶的一個人過日子。

在一次大風大雨之後，這個婦人到河邊，趁著河水混濁的時候去網魚，她網了很久，卻網不到一條魚。後來她撈到一根短小卻很光滑平整的小木棒，她從網裏拾起這根小棒子，向下游丟去，再移到上游去網魚，不多久，又撈到那根小棒子，一連幾次都這樣，她惱火了，隨手把那根棒子放進褲袋裏，心想著回家後丟到火爐裏。那次網魚連一條魚都網不到，她只好回家。

回到家裏，趕緊就升火煮飯，這個時候想把

那根棒子丟入火中，她伸手入口袋裏，發現那根棒子已經遺失了，正在納悶的時候，感覺到自己的身體不太舒適。第二天早晨起床，要繫上腰帶，她發現腰腹已經脹大，不久就覺得腹部疼痛難忍，只好又回到床上休息。經過一番陣痛之後，她生下一個男孩。

這個男孩渾身長毛，一生下來，就能坐著，引起旁人一陣笑聲，他看見旁人笑，也張口笑著，只見他的兩排牙齒都已長齊。經過五天，他就長大成人，可是他的母親怕別人欺負，只把他藏著，因此社裏大多數的人並不知這件事。他很會打獵，捕捉大熊就如同捉一隻鷄，怒吼一聲，聲音也能震動出林。每回獵獲野獸，他的母親會分些獸肉給鄰近的親友，由於這些親友並不知道這麼一個強壯而勇敢的人，所以總是以嘲弄的語氣說：「妳又在那裏找到死野獸啊？怎麼老是送這種別人不要的肉呢！」他的母親不想辯解，只是難過的回去了。

有一次他的孩子又要上山打獵，她問他：「你有沒有辦法活捉一隻大的山豬回來？」孩子回答：「我想那是沒有問題的。」她就交待他捉到獵物回來之後，就把活抓的獵物擡到男子會所。她的孩子果然捕捉到一隻又大又凶猛的山豬，他把這隻山豬綑起來，擡到男子會所裏，那裏正好聚集著社裏的武士們，他把綑綁山豬的繩索解開，再把大山豬丟進男子會所裏，裏面的武士們紛紛取出佩刀想殺死這隻山豬，但是牠已經傷了許多人，衆人卻仍然沒有辦法制服牠。這個時候他才現身，輕易的就殺死了這隻凶猛的山豬，當時大家才認識了這位傑出的英雄。

社裏的男子原本對寡居而孤苦伶仃的這位婦女是非常瞧不起的，他們經常把垃圾抛進她的家裏，甚至有人會在她家裏的柱子塗上糞便，由於孤單一人，她也只有默默的忍受。當天衆人們知道她家出了一位值得尊敬的人，便有許多人自動前來，打掃並洗刷屋子內外，母子二人，從此過著非常舒適的日子。

他以後就經常領著社裏的武士狩獵、作戰。他在夜裏作戰的時候，全身會發出亮光，讓敵人的兩眼昏眩；衝進敵社，全身也會發火，燒掉敵人的房舍，因此每回出征，都是大獲全勝。

由於他的英勇表現以及過人的智謀，全社的人就推舉他擔任酋長。大家都以爲他是那麼樣的令人尊重，一定不會死去，但年紀大了，他還是一樣死了，只是他的靈魂還留在生前休息時喜歡坐著的石頭上。每到家裏的人要上山工作的時候，就在穀倉裏升火烘乾粟米，臨走的時候說：「老祖父啊！我們要上山工作了，請您在這裏看著我們烘的粟米。」他們就安心的上山工作去了，回來的時候，粟米已經烘乾了，而火爐裏的柴火仍然像離家的時候一樣。

後來，家裏的年輕人正打掃家裏內外，掃到他常常坐著的石頭旁邊時，有一個人竟然用輕蔑的語氣大聲的說：「老祖父啊！你滾開這裏吧！你不要礙著我們掃地！」他聽後輩的子弟那樣放肆，一氣之下就離開了。從此以後，家裏有什麼事，再也不能請他幫忙，但是大家相信他的英靈仍然保護、庇佑著全社。

那塊他常坐的石頭，現在還在特富野社酋長家的穀倉裏，有一次要移動它的時候，許多強壯的男子合力抬起，卻一絲一毫也不能移動它，後來請年長的老人在那裏灑酒，並且恭敬的說著：「老祖父啊！我們不得已要遷移您的座位，請您起身一下，讓我們能夠搬動它。」說完了，石頭便很輕易的能移動。由於他渾身都長毛，而且一直受到衆人的尊敬，所以大家都恭敬的稱呼他ake'ejamu'mu'ma—阿給雅木麻，意思就是「渾身長毛的老祖父」。

講述：石朝家（七十歲）
地點：茶山村
時間：一九九〇年四月五日

●石朝家。（浦忠成／攝影）

㈡古時汪家(peogsi)有一女子，一日至溪中網蝦；有一木棒流過，掛於網上，汪氏女便取而投於下游，不久木棒又逆流而至，再掛於網上，少女奇之，乃納入懷中。待返家中，探手入懷，欲取棒，棒已不見，翌晨未明起床，重束腰帶，覺腹部稍脹，以手按摩，頓覺腹痛，乃回床休息，不久即生下一男嬰。男嬰遍體生毛如熊，放置地上，即笑而起立行走，五日後已長成。狩獵中捉大熊如捕鷄，吼聲震動山岳。作戰時，夜間全身有光，望之目眩，如對太陽；入敵社則全身發火，將敵社一燒而盡衆人擬奉之以神，名之曰「阿給雅木麻」！且衆人以爲其人不死！惟其人後亦命盡而死，族人皆信其靈仍留族內，守護子孫。

——異文

亞艾布庫

從前在佩翁西以 (peonshi) 有一個處女。某日冒雨到河邊撒網，撈上了一根棒子，將其往下游擲去，不可思議地棒子竟逆流再次入網，當時不覺異樣。將棒子納入懷中回到家後，卻不見棒子，以爲遺失在某處。然而翌日早晨卻懷孕而產下一子。仔細一看，身體的一面長出毛來，宛如熊子一般。不久後即能站立、步行，牙齒的數目與大人相同。往山上狩獵時，即使大熊也有如小鷄一般地輕鬆提回。只要一喊叫，山及岩石都會震動裂開，人們爲之驚怖。當他死後，社人敬以爲神，尊稱他爲「亞艾布庫」(yaebuku)，據說今日亦存在於庭石之下，而感到害怕。某人於改建房子時，因嫌庭石礙眼而打算將其移至其他地方，奈何卻怎麼也無法移動，只好請來知母朥社的頭目，祈禱之後方可開始移動。

——異文，鈴木作太郎氏

阿克耶牟麻

某家有一個少女。一天到河邊拋網捕蝦，有一支光滑的棒子流入網中。少女拾後，把它扔掉河裡，可是那棒子又入網來。又再把它扔於斜遠的地方，依然地流入網中。如是，粘著不去。她遂將那棒子帶回家，想作薪木燒，但是當她在爐旁，正要燒火的時候，眞奇怪，那根棒子却又不見了。

次晨，少女從床起來，不知怎樣的，腹部比平時膨大了幾倍，眞是不勝驚訝。且過了不久，開始腹痛，竟生出了一個男孩，這使家人更莫明其妙。那男孩徒具人面而已，身上都長出又黑又濃的粗毛，簡直是熊一樣。少女一看他怪樣，就怕得連抱都不敢抱。可是男孩毫不介意似地笑著，一個人能在那邊走行。這樣過了五天，他很快地長大成年。人家都稱他爲阿克耶牟厤（生毛的神）。

話說，在那時，達邦社內有人遭敵番殺戮。阿克耶牟厤聞悉此事，就對鄰居說：「我要去討伐敵番」。說著，領率了同族，自己爲先鋒，一路衝進。入夜，從他的軀體會發出太陽般眩耀奪目的光芒，因此宛如白日，險峻的山路都看得很淸楚，順利地攻入敵社。這時阿克耶牟厤的身上又發出熊熊的火焰，一瞬間把敵人燒滅。由於像這類的種種奇妙不可思議的事蹟，社人都敬若神明。

以後，壽數享盡，他終於溘焉而逝。逝後，其靈則長留社內，庇護族人。例如正在煮粟時，偶因有事要外出，只需祈求阿克耶牟厤爲之守火，這樣當從外回來，火固然照顧得很安全，就是連飯也不會燒焦的。雖有如此靈驗，然而後來族人不知崇德報功，疏於祭祀，自此起各種靈驗遂逐漸消滅了。

——異文

河神的手杖

從前有一個河神叫「也峨忽諸」，隨身携帶一枝手杖，如果用它來打擊水面，那麼河水就會分開，河底乾涸。族人要涉水或渡河，往往會向也峨忽諸神借來手杖。有一天也峨忽諸神在一處田野間行走，那裏的主人不知爲什麼發了脾氣，並且要撲殺也峨忽諸河神。當時突然來了一陣大風雨，也峨忽諸的手杖就隨著大水沖入河中，再流入深淵裏。從此以後，族人溺水而死的人很多，而且都是溺死在這裏的深潭之中，即使是在下游淹死的，會飄流回這裏的深潭，因爲河神手杖在那裏。

講述：石朝家（七十歲）

地點：茶山村

時間：一九九一年四月七日

〔附記〕〈阿給雅木厤〉的故事是鄒族部落裏非常盛行的典型的傳說故事：由於主人翁神異的誕生和傑出的表現，使仗勢橫暴的梁氏家族受到唾棄，因而失去部落首長地位，轉而由汪氏擔任「別雍西」至今。日人鈴木作太郎氏所採〈亞艾布庫〉異文，顯係〈阿給雅木厤〉故事，惟其主人翁之名改爲同一氏族出身之部落首長「亞艾布庫」。其他異文內容都相近。

●昔日的盾牌。

粟神的叮嚀

粟神的叮嚀

從前粟神帕伊多努烏(b'ae ton'u)拿起一把粟種，交給鄒族的祖先，教導他們種植的方法，並且叮嚀他們：「每回播種和收穫的時候，一定要舉行祭拜我的儀式，那麼我會讓你們永遠擁有足夠的食物。」那個時候，一棵粟可以結五次穗；而且五粒粟米煮熟之後，就能裝滿二隻飯鍋。後來有人懶惰，認爲帕伊多努烏神交待的事太麻煩，就故意荒廢了祭祀的事，並且犯下了許多禁忌。有一天，田裏和食庫中的粟米，突然間都一齊飛走了，也不知道究竟飛到那裏去。幸好還有一把粟種留在某一氏族的門板後，大家拿下來，非常的珍惜，便細心的播種，只是這一回它只結了一次穗就枯死了，它的宿根不再發芽；煮粟飯的時候，它們也只是膨脹一點點，要供應幾個人飽腹，非得要煮不少的粟米。但是人們再也不敢懈怠，總是在「米亞波」(播種)和「達得歐儒」(收穫)的時候謹愼的行祭祀的儀式，相沿至今。

講述：湯保福、汪義益

地點：特富野社

時間：一九九〇年二月二日

稻米的來源

很久以前人們住在玉山的時候，沒有小米，也沒有稻米。有一天有個人在山裏發現芋頭，他想拔出來，發現它的根很長；好不容易拔出來，它生長的位置竟然有幾十公尺長的洞穴。後來有一個聰明的人，找了長長的藤條，攀附著進入洞穴，它發現裏面還有更大的洞穴，有人正在那兒吃東西。他吃的好像只是湯氣，看不出是什麼東西。這個聰明人問他：「你吃的是什麼東西？」那個人回答：「我喝的是米飯的湯。」聰明的人就向他討取了一點稻米，又攀著藤蔓回到地上來；現在我們所吃稻米飯，就是當時取回來之後種植而慢慢多起來的。

拜祀塔牟賴

昔有一個鄒族人，一日去掘山芋，因地穴愈掘愈大，遂而架樓梯到了地下。地下有一間裝設別緻的房屋，屋裡住有一個人，名叫塔牟賴。塔牟賴一見有人闖入，就咎責說：「你來這裡幹什麼？」鄒族人答說：「因沒有東西吃，在掘山芋。不料，士穴越掘越大，才來這裡」。那位塔牟賴聽了，請他到屋裡吃粿，並告訴他，粿是用粟製的。鄒族人食之，果眞美味好吃；於是，懇請塔牟賴送他粟以及其他如大角豆、木豆等穀種，而將之帶回地上人間。

今粟祭時，拜祀塔牟賴，即始源於此。

——異文

巴斯亞帶回穀種

相傳在很古以前，發生大天災，旱災、風災、水災……交加，吃食非常困難。有位年輕英俊的大力士名叫巴斯亞，爲了解救同胞大饑荒，到山上去挖葛葛瓜，巴斯亞所找到的葛葛瓜長得很粗大，巴斯亞很高興的使盡力氣，謹慎的隨葛葛瓜深深的挖。挖呀挖，深深的，又深一層，結果都沒有挖到葛葛瓜的盡頭，所以巴斯亞只能耐心的盡力繼續挖。一層又一層，最後挖穿了地心，挖到了地底世界。巴斯亞驚奇的叫一聲，啊！眞是奇妙的世界。那邊也有很多人，但是長得特別矮小似螞蟻，他們無法通話，但是他們的生活似很富裕，又看到他們的農作物正是稻黃成熟的季節。巴斯亞暗自高興極了，想要帶回幾粒種子回家解救地面世界的饑荒。想不到他們很嚴格管制穀類種子外流，所以巴斯亞每想離境時都受到最詳細的檢查。他們檢查，像螞蟻似的穿梭在毛髮間、耳孔、鼻孔……都會察覺。巴斯亞傷透腦筋到底怎樣藏放才能帶出種子出境。想了想，巴斯亞終於想到了一個辦法，試試看把種子藏在包頭皮裏面，藏得好好的。巴斯亞要離境時又要接受最精密檢查，結果巴斯亞的包頭皮過於粗大，又是童貞，他們竟不敢或無力反轉包頭皮檢查，終於安全的帶穀種離境，趕回自己的地面世界，解救可憐鬧饑荒的同胞。

採錄整理：武義亨

地點：阿里山鄉里佳村

〔附記〕〈拜祀塔牟賴〉異文爲吳瀛濤氏所記，查鄒族並無此民，近者僅〈帕伊拜〉（稻神），文中所記「拜祀」「粿」之義，知故事已有演化。

習俗起源的傳說

揉皮之術

㈠從前鄒族人還不曉得祭拜各地神明的時候，野獸都能化爲人形，以人的樣子出現。

有一次有一個男子到山裏去打獵，他埋伏在水邊許久，看見一頭鹿走近水邊，便拉起弓瞄準要射出箭時，那頭鹿忽然間變得又長又大，頭可以接觸天空，而兩隻眼睛發出的光亮就好像太陽、月亮，他感到頭暈，便不敢把箭射出。

後來另外一個獵人也碰到同樣的情形，他的膽子比較大，便在鹿變成又大又長的怪物時，仍發出一箭命中牠，這時候鹿忽然不見，這個獵人就沿著牠的足跡追蹤。他看見地上有一塊很像布片的東西，不遠的樹旁站著一個樣子很奇怪的人，獵人走過去，想看清楚，怪人立刻逃走，獵人便在後面急急的追趕。後來這個怪人突然回頭，抓住獵人，用樹枝殺死他。並把他的屍體掛在樹枝上。後來有同社的族人經過，只見到一張人皮掛在那裏，從此以後，鄒族人才知道揉製獸皮的方法。

㈡往古尚未祭山神的時候，山獸常化怪物，困鬧人家。

●驅邪的習俗仍經常可見。（浦忠成／攝影）

有一次有人狩獵，看見一隻鹿，正要矢射，那隻鹿却很快地變得很大，頭頂快要冲入雲霄，眼光烱烱四射。那人目眩心懼，終射不到牠。一看，那隻鹿早已遁失無踪。

另有人亦遇到這隻變幻自在的怪鹿。可是那人奮勇，終射中了。然而被射中的怪鹿很快地失踪，不知匿跡何處。那人雖四處找尋，却找不出着落，而僅在射中的地方檢到一塊布片。再看，在那樹下，有個人大概是足部受傷，用布塊綑在脚上，而一看到獵人走近，樹下的那個人又匆匆逃掉。獵夫從後追趕，不料那個人忽然一回蹠，很容易地抓了後追的獵人，而把他用力向樹幹壓擠着殺死了。又把那個死屍吊在樹枝上，揚長而去。

日後，有人經過樹邊，發現了死骸僅剩一張皮被日晒着，由此始知鞣革的方法。後來祀祭山神以後，獸類也不再鬧怪異，獵獲亦增多。

人首自天而降

鄒族祖先自玉山下山時，已有馘首之習，然不知諸神是否喜悅。一日天神召衆人聚集於男子會所，衆人齊集後，有一巨石穿破屋頂落下，繼有矛及俊美青年降下，再有繫上木槲花之男佩胸衣落下，其中裏有馘後不久的人頭，衆人始知天神嗜好人頭。此一降下之青年，原出生於部落，幼時忽失，衆人原以爲其人已死，至其時始歸；以後即以此青年爲主帥，征戰馘首，非常激烈。

到過天上的人

從前有一個人，帶著孩子到河裏網魚，他撈到了一條很大的鰓魚，便讓孩子守著魚，他自己又去網魚。不久他又撈得一條大魚，便再把魚拿到孩子那兒，卻發現孩子失踪了。他到處找，卻都找不到；他也始終想不透孩子怎麼會失踪的。後來在家中他常常一面想，一面拍打自己的頭，使他頭上的頭髮都掉光了。過了五年，他正跟衆人坐在男子會所中，忽然一塊圓石從天穿破會所的屋頂，不久又有矛從天降下，接著男子所佩的腕鐲也降下了，山豬頭也跟著降下，最後，以前失去的孩子也降下來了。他向衆人說道：「以前失踪的孩子就是我。」衆人問他：「你怎麼能到天上去呢？」他回答：「他們用裝有斯尼馬酒的杓子指向我，我抓住它，便被他們拉到天上去了。我在天上停留了五年，跟天上的人住在一起，也跟他們學習了許多事。後來天上的神明告訴我：『你要回到你父母那裏，你原本就不是天上的人，讓我告

●達邦大社的敵首籠。（詹慧玲／攝影）

訴你怎麼回去。』天上的人就讓我回來，並且交待我要好好的教導大家學習許多的事。」

回到地上之後，他就教導人們祭祀的儀式，也教大家學會瑪亞斯比的戰祭儀式；又教導大家編製竹筐、竹簍。大家就集中在一起，彼此間相互學習，有很多人都學得這些技術，並且相互叮嚀著，要牢記這些天上的神明傳下來的技術，還要從幼小的兒童就開始傳授，好讓他們也能早早嫻熟所有的技能。他們感到很高興。接著大家又進一步想著，要怎麼做才能使大家過得更好？他們想到從事耕作應該可以讓大家過得更好，於是便一起種植粟、米、甘薯、芋頭等作物，這樣大家就有很好的食物可以享用了。

講述：汪益義（七十歲）
地點：特富野社
時間：一九九〇年二月十四日

爲什麼人會死

尼弗奴在剛創造人類的時候，每個人的壽命都像「朔洗有阿那山」（阿里山）上的檜樹一樣那樣長久；即使死了，尼弗奴神也能讓死人復活，每個人都要經過五次救活之後，才眞會死去。梭也梭哈神常常模仿尼弗奴神行神奇的能力，但是每每導致不好的結果。有一次有人第一次死亡，正巧尼弗奴神不在，被梭也梭哈神發現了，就在家屋裏面，挖了洞穴把死者埋了，並且站在旁邊哭泣。不久尼弗奴神回來了，想要讓死者復活，但是因爲梭也梭哈神已經先哭泣了，尼弗奴神也沒有辦法讓他復活，於是那人就眞的死去了。從此以後，人死了一次，就沒有辦法再復活了。

講述：汪健昌
地點：樂野村
時間：一九九一年八月二十五日

內葬的源起

從前有一個孩子對著母親說：「請您用刀把我分割成兩半，切割的時候要十分小心，兩半大小要完全相同。切完後就用簸箕覆蓋著，再等候一段時間就可以打開。」母親雖然覺得奇怪，但是禁不住孩子的堅持，也只好答應。她照著孩子交待的作法做了，等到一打開簸箕，其下已經有兩個和孩子長得一模一樣的人併排而眠。母親十分高興，因爲她擁有兩個孩子了。

過了幾年，兩個孩子都長大了，孩子們懇求母親到溪裏汲水，母親答應了，但很快就跑回來，而且並沒有汲水來，她告訴孩子們：「我到了溪邊，水流充沛，卻沒有辦法汲水，因爲上游有兩位年輕的女孩攪混了水流，溪水混濁，我就不汲水回來。」孩子們就向著母親說：「請您再到溪邊，把那裏攪混水流的女孩帶回來，那將是我們的妻子呢！」母親依言將兩位女孩帶回家，兩對佳偶就成親了。

又過了許久，當時在簸箕下左邊的孩子要回到天上去，躺在右方的孩子仍留在地上，一家人就分開了。過了很久，到天上的那個人回到地上來，他到處打聽另外一邊的人，別人告訴他：「他已經死了，我們就把他埋在屋裏。」由天上回到地上的人便說：「你們既然那麼做了，以後就照那樣的方式做吧！」所以鄒族從前都把死去的家人葬在屋內。

講述：浦勇民

時間：一九九二年二月三日
地點：特富野社

食物供祀祖先

從前有一個人家，早餐後把吃剩的食物留在家裏，全家便到田野間工作。傍晚回來，所留的食物都沒有了，而且一連幾天都這樣，大家都感到奇怪。有一天便留下一個人躲在床底下，準備查看是誰來偷吃飯菜。等到其他人都已走了，連狗也離去，留在家躲藏的人突然見到埋在屋裏地底下的亡故親人從土裏走出來，繞著屋子尋找食物，這個人的面孔消瘦，臉呈綠色，它先拾起落在地上的飯粒，看看沒有其他可吃的，便到火爐旁，用餘燼烤自己的腳肉吃下；躲藏在屋內的男子看見了，全身毛骨悚然，驚嚇不已，兩腿也顫抖不停；出來索食的亡魂聽見了，以爲狗回來，又鑽入地底下。其他的家人回來之後，留守的人把他目睹的情景講述了一遍，大家也都覺得不可思議。

從前鄒族人是將已死的親人埋葬屋內地穴裏，而且對於死者也並不供祀食物，那樣的事發生之後，族人便開始有以食物供祀的習俗。

〔附記〕上述故事皆在說明族人特殊習俗或生活資源之出處；揉皮之術是鄒族重視的手藝，雖不必求其精美，卻是每一男子必具的技術之一；至馘首之習，大抵皆見之於昔時之台島原住民各族，主要的功能在於禳祓及復仇。鄒族此類神話，乃在提供諸類習俗產生之合理說明，凡此種種，皆意味著原始部族對其文化來源之關心。

●盛開的鄒族聖花——木槲花。（浦忠成／攝影）

荷減雅雅

天空的白虎七星

從前社裏有六個人（也有人說十個），在荷減雅雅（homeaea：粟收穫的祭儀）之前帶了一隻（也有人說二隻）狗到山上去打獵。回到社裏的時間已經稍稍晚了，荷減雅雅的儀式已經結束，全社的男男女女正在瑪亞斯比（maeasvi：祭祀後的輪舞）；這幾個人因爲犯下了禁忌，不能參加瑪亞斯比，只好停留在社外的山坡上，遠遠的觀看社裏的衆人高興跳舞的樣子，心裏非常的羡慕，所以他們情不自禁也不約而同的手拉著手瑪亞斯比。這個時候，從天上降下一塊木板，在不知不覺中把這幾個人和狗都載起來，便慢慢的離地而上升。在社裏面瑪亞斯比的男女聽到歌聲從空中傳來，都驚奇而向上注目，見到有六個人，一邊唱歌，一邊瑪亞斯比，與一隻狗慢慢升上天。過了一會兒，上升的影子不見了。第二天晚上，東邊的天空就出現了白虎七星（昴宿）。現在大家看到白虎七星的時候，就開始要舉行荷減雅雅的儀式了。

講述：湯保福・汪阿市（五十七歲）

地點：特富野社
時間：一九九〇年八月十日

少女之崖

㈠從前特富野社在舉行小米收穫的祭典時，有一個很奇特的儀式。那是收穫祭的第七天，社裏的婦女們携帶著米糕和酒到社旁的杜杜那阿發，迎接上山打獵的男子歸來。祭儀開始的時候，酋長會命令一名青年仰臥於杜杜那阿發平地中，陽具朝天豎起來，再從婦女中間挑選一名處女，讓她脫下腰裙，手拿著弗握那（豆名）的白花，走到仰臥的男子旁邊，先把白花放在男子的陽具上，再跨在男子身上，以陰部擦落白花，反覆五次。

●準備參加祭祀的鄒族婦女。（浦忠成／攝影）

有一年，大家又到杜杜那阿發集合，因所選的男子是參加儀式的年輕女子平日厭惡的，所以她就拒絕進行儀式。那名男子受到如此的侮辱，憤怒的拉著那名少女，自己把白花放在陽具上，強迫少女完成儀式，甚且還強姦她，這樣的行爲已經超越了古來的作法。少女以爲這是奇恥大辱，回到家裏，就告訴她的幾個姊妹，姊妹們都十分同情她的遭遇，五個人便一同到由把卡那（達邦社到達布杜阿那途中的曾文溪懸崖），投崖而死。後來那裏就叫做「瑪蔑斯比阿那」（少女之崖），而那樣的儀式從此也廢止了。

講述：汪健昌（七十歲）
地點：樂野村
時間：一九九一年二月十四日

㈡知母勝社的播粟祭中，從以前開始就有頗爲奇怪的儀式。此日出外狩獵的壯丁們聚集後，社裏的婦女皆携帶酒與餅，往赴現場。那時頭目會命令一位壯丁仰臥在祭場的中央，陽具朝天，另一方面選出一位處女，解開下身衣物，手中放置弗握那的白花，靠近壯丁的身，將花放在陽具上，然後跨過他，用唇將拂握那的花擦落。如此重覆五次，此爲祈求豐收的法術之一。

然而曾經有一次，同社的頭目一如慣例地命令少女依禮行事，少女因爲對方不是自己喜歡的男人，所以堅決拒絕。被嫌惡的壯丁非常生氣，於是將少女拉近，放上自己的拂握那花，出其不意地由下冒犯，少女感到羞恥，打算立刻自殺，但爲社人阻止而未能如願。哭泣地回到家後，將事情的經過告訴姊妹，姊妹亦非常同情，於是姊妹五人從名叫「瑪梅西皮阿那」的斷崖跳落而死！此種儀式便因此而廢除。

——鈴木作太郎氏（異文）

〔附記〕「荷減雅雅」是祭祀粟女神的祭祀，粟女神居塔山，喜在靜謐的凌晨臨社而進入祭倉，相傳她喜歡松鼠（那是她眼中的山豬），故是日必備松鼠。逾祭時者升天爲星，並成爲謹守的標識物，見出此祭的神聖性。少女崖事件相傳發生在梁氏爲特富野部落首長時期，故此一儀式的廢止是很久以前的事了。

犯禁忌遭懲罰

不敬粟女神的懲罰

從前鄒族要祭祀粟女神的時候，有許多要遵守的禁忌，同時也特別要求安靜，絕對不能發出任何一點聲響，否則那是會冒犯粟女神的，對她不敬，輕則受到一些懲罰，重則也許會遭到不測。人們在粟女神將來的凌晨時分，一個個肅穆沈靜，主祭的長老們固然抿嘴低視，與祭的人動作起來也是小心翼翼的。對於不易約束的狗、貓之類，也不出喝斥，只是拿起一種稱「西布卡」的竹製小弓，搭上軟箭輕射驅走而已。

有一回又到了要祭祀粟女神的時間，這場稱荷滅雅雅的祭典，要準備粟女神最喜歡的松鼠肉（那是她眼中的山豬肉）和其他的供物，粟女神會在夜裏極寧靜的時分，由塔山前來。那天夜裏大夥兒都在祭粟倉等待，等了許久，正當女神要走進祭倉的時候（衆人是看不見的，只有主祭的長老才見著；巫師也見得著），卻有一隻狗也由外走進祭粟倉，其中一個男子查覺，靜悄悄取出小竹弓和軟箭，瞄準狗身射去；那枝軟箭射中狗身之後，恰滑跳而飛向另一邊，不偏不倚的射中了剛入祭倉粟女神的一隻眼睛。女神突然受到這樣的冒犯，也不願再留下享用人們爲她準備的豐盛祭品，先讓射出箭的男子昏迷了，再把他的靈魂帶走。走到塔山時候，粟女神叮囑同行者：「把這個人帶到這裏就可以了，因爲他雖然冒犯了我，但並不是存心的，帶他來只是讓他受一點懲罰，我還是要讓他回去的。」粟女神一行就停留在塔山入口處不遠的位置。等到要進食了，粟女神看見同行者要拿鬼神們所食用的「瑪尼發那」給這個人吃，便阻攔著，說道：「這種東西還不能拿給他吃，因爲他跟我們還不一樣。」因爲此人僅係昏迷，並未死亡，故不能眞正進入冥府，也不能食用鬼神們的食物，在塔山停留了一段時間，粟女神就派同行者送他回去。

在走回社的時候，經過離特富野不遠的「祝阿那」時必須要涉水，要涉越的溪裏有許多魚，護送他回社的神差們看見魚都驚叫著「蛇！蛇！蛇！」，並且急急忙忙上岸。當時天下著大雨，他折取蕉葉避雨，回到祭粟倉。衆人見他神志又恢復清醒，便忙著詢問究竟發生了什麼事，他就把所遭遇的事一五一十的告訴大家，並且告誡往後迎接、祭拜粟女神時一定要肅靜、虔誠，才不會受到懲罰。

講述者：浦勇民（七十八歲）夫婦
地點：特富野社
時間：一九九二年一月二十九日

戲蛙遭天譴

從前有一家人到山裏工作，他們原地搭了座簡陋的草屋，夜裏就在那裏休息，天明的時候，父母便早早起身工作去了。

有一天，父母就像平常一樣去工作，留下兩個男孩在草房裏。兩個男孩在草房玩耍，發現一隻很大的癩哈蟆，兩個人一時興起，就把牠抓來，便你丟給我、我丟給你這樣的戲弄牠。這個時候，天神在雲端看見了，心裏非常生氣，決定要懲罰他們，便從天上甩下一隻巨大的鍋子蓋住他們的孩子。在一旁工作的父母聽見孩子的哭叫聲便急忙趕去，兩人想掀開鍋子，可是一碰到鍋子，整個人一下子就被彈得很遠，一連幾次都是那樣子，他們明明聽到孩子們的哭聲從鍋子傳出來，可是卻是一籌莫展。過了一段時間，忽然有一大片泥土又從天上落了下來，那也是天神從天上灑下的，泥土把鍋子深深的埋住，兩個孩子再也沒有辦法救出，只留下父母在那裏悲傷的哭著。

從此以後，鄒族的父母們就常常叮嚀孩子，千萬不要去戲弄癩哈蟆，那是會遭天譴的。

講述：石芳蕙

地點：特富野社

時間：一九九〇年八月二日

〔附記〕禁忌的形成並非無因；祭祀粟神的祭儀是鄒族諸祭中較具神秘性的一項，較少人得以窺知。戲蛙是長輩時刻告誡不可的事；由故事內容即可明白禁忌形成的內在基礎爲何。

●故事講述人：石芳蕙。（浦忠成／攝影）

特富野勇士

勇士攻打伊拇諸

從前鄒族各社舉行祭祀或慶宴，都會邀鄰社的親友參加飲宴。

有一年粟收穫祭結束後，同是屬鄒族的伊拇諸社依俗邀特富野社的親友來社飲宴。當時有別雍西氏的男子四人以及數名婦女前來。所有人正盡情飲酒進食的時候，預先就埋伏的伊拇諸壯丁突然衝入，把四名別雍西氏男子殺死，不僅如此，還割掉他們的陽具，並且反綁那幾名婦女，讓她們持著被割斷的陽具，以及所繫起十隻結的繩子，趕她們回特富野。傳送繫起十隻結的繩子表示約定十日兩方交戰。特富野社的男子們看到伊拇諸社那樣的欺凌、羞辱，每個人都非常憤怒，決定把交戰的時間縮成五天，於是繫了五結的繩子，派人送到伊拇諸社。

五天的期限到了，伊拇諸社所有的壯丁都整裝聚集在男子會所裏，等候特富野社人前來。他們把所有的狗都栓在會所的地板下，其中有一個人很狂傲的說：「等特富野人來了，我們就殺死他們，把他們的肉切了，丟給狗吃。」他們又等了很久，特富野社的人仍然沒有來，有人又說：「特富野社的人怎麼還不來，這些狗都已經餓了。」於是就把所有的狗放了。伊拇諸社的壯丁都以爲特富野人害怕而不敢前來應戰，就解下武裝，在會所內休息。其實特富野人是故意延遲了一天才出發前往伊拇諸社的。他們接近伊拇諸社時，就趁著對方沒有防備的時候，迅速的包圍男子會所，這時伊拇諸的壯丁察覺，都趕緊起身應戰。

率領特富野人前來作戰的，一個叫雅伊布谷，一個叫雅帕舒有烏，兩個人都勇猛善戰，力氣過人；尤其雅帕舒有烏的身高比人大三倍，食量也很驚人，因此社裏的人都稱他是「蔑埃西」(meaishi：食量很大的人)而不直接稱呼他的名字。兩方一交戰，雅伊布谷和蔑埃西就身先士卒；雅伊布谷首先攀上伊拇諸的會所，伊拇諸人紛紛用箭射他，卻都射不中。伊拇諸人就用長矛一齊刺擊他，其中有一個人刺中他的前齒，他就從會所摔到地上。蔑埃西便說：「眞是沒有用，讓我上去！」他一衝上去，伊拇諸也同樣用箭射他，有許多的箭射中了，但是他的皮膚就像厚又堅硬的樹皮一樣，箭都不能射入，因此都紛紛掉落下來；伊拇諸人改用長矛刺他，他身上一共中了三十槍，但是也都不能刺入他的皮膚。這時蔑埃西就拿起他粗大如杵一般的長矛，衝前擊後，同時不時揮舞著他粗大的長矛，被他觸擊到的人，不是脖子被打斷了，就是手臂折斷；他又來回幾趟，用矛桿壓死了許多人；伊拇諸人想由會所逃走，都被圍在四週的特富野男子截而殺死。

蔑埃西在會所內搜索，發現有一個人躲在橫樑上，看到蔑埃西走近了，就討饒的說：「我不像別人那樣想傷害你，請不要殺我，我是武氏家的外甥。」蔑埃西上前，一把就將他拉下，摔在地板上，厲聲的說：「如果你不想傷害我，怎麼也在這裏呢？」被摔在地板上的伊拇諸人嚇得屁滾尿流。蔑埃西向人一打聽，這個人果眞是嫁出姑母的兒子，就釋放了。

那一次的交戰，伊拇諸幾乎全部遭到殲滅，除了蔑埃西放走的那個人，還有方家的武士那天都留在家裏，不參加戰鬥，因此才倖免於難。

講述：汪健昌

地點：樂野村

時間：一九九一年八月十八日

出征達庫布揚

雅伊布谷與蔑埃西曾經率特富野社的男子遠征敵對的達庫布揚社去獵首；當時正逢該社的壯丁大多上山狩獵而不在社裏，雅伊布谷就領著社裏的男子殺了幾個留守的人後歸社。

過了幾天，雅伊布谷以及蔑埃西二人不帶男丁，而且並不武裝，就進入達庫布揚社，該社的壯丁見了不敢抵擋。二個人直接走入酋長家，雅伊布谷背倚著巨石坐下，蔑埃西也靠著屋壁坐下，這個時候社裏的壯丁都帶著弓箭、

●在Kuba的鄒族男子。（浦忠成／攝影）

●特富野大社的舊Kuba，已於一九九三年拆除重建。（浦忠成／攝影）

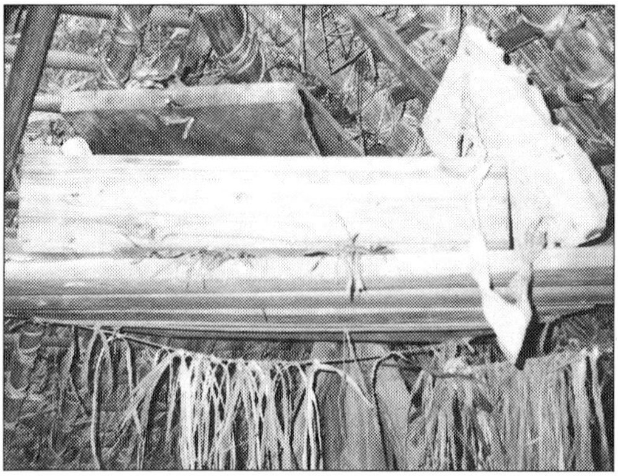

●舊Kuba內的敵首籠。（浦忠成／攝影）

矛槍來到酋長家，全體跺足，並且用槍矛叩地，要求酋長下令殺死雅伊布谷兩人。雅伊布谷向他們說：「我們今天來到這裏並沒有什麼惡意，只是想跟你們講和，請你們能同意。」有一個碩壯的達庫布揚的武士說：「如果前天我們都在社裏，你們絕對沒有辦法活著回去。」蔑埃西回答：「其實我們前天來這裏，社裏也有不少勇士，可是他們不但不能打敗我們，甚至都不能傷我們分毫；當時你們的勇士所流的血迹現在還看得見，如果你們想爲他們復仇，今天正是時候！」

達庫布揚人聽了都很生氣，便分兩路向兩人進攻，這個時候雅伊布谷忽然起身，隨手就把攀爬在屋外石壁上的粗藤拉斷；而蔑埃西也捉住走過他面前的豬，左手握住前肢，右手握住後肢，稍使上力氣，就把豬撕裂了。達庫布揚人看見都驚駭不已，知道不能力敵，就紛紛放下武器，在酋長家舉行和解的宴會。

知母朥社復仇

從前，全仔社與知母朥社曾因爭奪壯丁人數而發生戰爭。當時全仔社因戰敗，失去許多壯丁，因此割讓土地，達成和平協議，然而之後幾十年，全仔社的人口逐漸增加至較知母朥社多，於是日漸變得心高氣傲，秘密籌劃準備給予對方痛擊，以報前仇。

某年播粟祭後，全仔社舉辦宴席，邀請知母朥社的男女前來。當時並謊稱全仔社的頭目外出狩獵，而由頭目家的男孩及蕃人四人，伴隨許多婦女列隊歡迎。飽食酒酣之際，全仔社的壯丁突然襲擊而出，將知母朥社的男子殺死，割下其陽具讓女子握著，以羞辱對方。而後並在麻繩上打十個結，交給一位女子，誇口：「妳們回去後告訴社人，如果想要報仇的話，就在解開這些結後那日（亦即十日後）來攻吧！」。

另一方面，知母朥社知道後非常憤怒，立刻派遣兵使送去打有五個結的麻繩，意思是十日太長，縮短爲五日。於是全仔社方面便共同武裝後，聚集到公廨，並將社內的狗全數繫於公廨，以便敵人來臨時可屠而食之。然而是日卻未發現敵人蹤影，以爲敵人畏懼不敢前來，於是便將狗放了。

在知母朥社方面，命令全部社民，召集壯丁，晚一日出發。頭目家有一位名叫雅伊布谷的智謀策士，之下還有名叫亞撲塞歐古・姆奇那那(yapuseogu muk inana)的勇士，以及容貌魁偉、身高爲常人三倍，食量甚大的勇士，社人稱其爲「蔑埃西」。此外尚有許多的勇士，衆人皆憤怒躍進，突然進攻全仔社的公廨。全仔社亦激烈應戰，頻頻發箭，但是由於勇猛的蔑埃西其皮膚較之樹皮更硬，因此箭只是悉數滑落。而後雅伊布谷跳上公廨，全仔社的壯丁們揮舞槍枝，對著他的咽喉刺去，結果一個閃失，只弄痛他兩顆門牙而已。然而公廨已無法承受蔑埃西的重量，全仔社的人忽又衆人一起集中向蔑埃西刺去，雖然槍多達三十枝，但尖端僅及於皮膚表面而已，連一滴血也沒有流。反倒是蔑埃西的槍，尖銳的穗尖上嵌著如杵一般的大柄，因此，可自由自在地揮舞，一端便可將敵人砍倒。只要一接觸到，便忽而身首異處或骨頭挫傷，呈現痛苦的死樣。

全仔社社人驚惶失措，狼狽而逃，然而知母朥社在十里、二十里外將公廨包圍住，無情地殺戮。當時有一人棄刀蹲在公廨一角。蔑埃西正打算將他擊斃時，他害怕地說：「請不要殺我！我是你的『佩阿夫艾歐伊』(peafueoi；宗族之女出嫁後所生之子)。」果真他是叔母家的孩子，於是赦免他的命。此役造成全仔社的男子幾乎全數滅亡。

——鈴木作太郎氏（異文）

〔附記〕蔑埃西和雅伊布谷是鄒族人津津樂道的英雄。在當時，由他們率領南征北討，無不大捷而返。「達庫布揚」社即布農族的「蘭社」，後以疾疫、外襲、內鬥諸因導致人口銳減，乃依附鄒部落。「伊拇諸」社今已滅社，惟當時其人口乃北鄒四社中最多之一社。

●樂野社。（浦忠成／攝影）

裨將佛尤

從前在離鄒族特富野社數里的地方有一個小社叫「阿也要」，有一次不知道因著什麼事這裏的社人邀了幾個住在特富野社的親友來宴飲，其中包括當時善戰勇猛的征將伊尤蘇古，和因有著俗稱內八的兩脚，每逢要征獵遠行都要先到河裏取來滑苔墊在腿膝間以防磨傷的裨將——佛尤。

到了傍晚，征將和其他的人都已有醉意，但仍未停止飲酒。隨行同來的是征將的妻子和不滿週歲的小兒子；這個時候小兒子不知什麼緣故，一被抱入屋裏，就似被人擰了一樣而放聲大哭不止，怎麼勸撫都不能讓他安靜，做母親的只好又走出屋外；一走出屋外，孩子立即就停止哭鬧，一連幾次，母親心裏就有些嘀咕。又過了一會兒，在屋外玩耍的兒童們跑來告訴正在飲酒的大人們，在上頭的大石上有人不斷探頭窺看，可是大人們全不當回事。有人說，孩子們看花了，那是石上果樹熟了，狐狸跑來吃果子，仍舊在那裏飲個不停。這時征將的妻子看見丈夫醉了，孩子也不停哭鬧，決定趁著天色尚明趕回特富野的家；於是便扶起醉了酒的丈夫走了。其他人見征將走了，雖然也不再飲酒，有的就地休憩；有個人拿起木杵橫置，頭就枕著睡，還說道：「敵人偷襲進來，就在這把木杵上砍斷我的頭吧！」

征將昏沈沈的在妻子的牽扶下跌跌撞撞的走回去，四週一片寂靜，正要轉過山背時，征將的妻子聽見淒厲慘絕的叫聲，她知道來襲的敵人已經衝入那間躺著橫七八豎醉飲者的房裏展開一場屠殺。她背上的孩子已經沈睡；於是加快脚步，心裏也盤算著回到社裏要如何的作法。

回到家中不動聲色的讓丈夫、孩子安睡後，她便靜靜的通知社中每位壯丁的妻子們，讓她們趕緊舂米：一時之間全社同時響起了咚咚咚咚的舂米聲，有些丈們醒了，詢問著爲什麼要在夜裏舂米？征將的妻子早已交待她們回答：「免得明後天工作晚了回來又得匆匆舂米才煮飯。」米舂得夠了，妻子們又趕緊將米浸入水中泡軟，米軟透了，又趕緊升火熱起蒸籠，把糯米蒸熟了；糯米蒸熱了，又把糯米飯放進木臼用杵搗擊成糕，再用竹筍皮一塊塊包好。食糧備妥，已經是大半夜的時間過去了。這個時候婦女們已經叫醒她們的丈夫，備妥了行囊武器；長老們很快的決定追擊的策略。全體的人員聚集在公廨上義憤塡膺，矢志要替「阿也要」小社死難的族人復仇；素來性情暴烈的裨將正由兩、三個青年按住其後腰的束帶，以免他貿然就上路進擊。長老拿出燧火袋發出火苗占卜

●瑪亞士比祭典中，勇士以刀沾豬血祝神。（詹慧玲／攝影）

吉凶，一連三回都順著將要追擊的方向。神佑已定，追擊的隊伍便在夜幕裏急急的出發了。

來襲的隊伍在進擊小社成功並獵獲了不少頭顱後，急速的循著來路撤回；每走一段路，到了一處山脊便一同停下脚步向撤回的路徑的前一山脊瞭望，希望及早發現追擊者的踪影。走了一夜，到了天明，又從清晨走到中午的時分，他們都見不到追擊者的影子，大家都逐漸鬆懈了，加上日夜不停急行，每個人都感到疲憊。過午之後的陽光由西向東射著，他們仍然在走到山脊的時候一齊用手掌貼著眉角眺望前一處山脊，他們沒有看到什麼，而追擊的特富野社壯丁早就在他們立在山脊眺望之前翻越，在強烈的金黃陽光的掩護下，追擊者已經逐漸接近他們的對手了。

就這樣追趕到近晚的時候，他們到達了「達卓佛伊基發歐」（長溪），前行的壯丁聽見人語聲，便躡手躡足接近，一看原來就是那來襲的敵衆，他們都已經解去裝備，武器也放置一旁，有的還在溪裏洗浴。特富野社的隊伍到達之後，全體就在草木叢中偵伺。忽然一旁響起又粗獷又高亢的笑聲，循聲一望，原來有一個身材非常壯碩的敵人把二個原本均甚俊美的男女頭顱用竹竿挿起豎立，他一晃動竹竿，男頭耳垂所懸的飾環便會發出聲響；他就是以此爲樂而發出笑聲的；旁邊的徒衆似乎都聽從他的號令。

這時裨將佛尤仍由人按住束腰帶，看到這樣的情景，征將叮嚀唯一的射擊槍手瞄準這個強壯的敵人，並作勢準備衝出時，忽然聽見其上又傳出更粗更高的聲音，特富野社的衆人一看，卻不禁怔住了，那個人的頭已禿了，但身材比起下頭那位更要壯碩，胸膛足有裝粟的大藤簍那樣寬闊。原來他才是發號施令者。征將下令將槍口對準這個人，射手一動板機，追擊的衆人霎時同奔而出，攻擊措手不及的對手。那個最強壯的領頭者被打斷脊骨，要轉身逃跑時，上半身直挺挺的折斷下來，他的頭顱已經懸在胯間，還不停逃跑，征將追上去砍倒在地，取下他的頭顱。

裨將佛尤衝出之後，因爲行動稍慢，只能追逐逃跑的敵衆。他循著剛滴的血迹，在草叢裏發現一個敵人正抱著腿上被砍的傷口，神情十分痛苦，可是一見到他，卻立即躍起，拿著直刀割去身旁的草木，準備決戰。裨將拿起長矛，向敵人刺去，矛槍卻被對手握住，並且使力拉扯，想要奪走矛槍；就在使力拉扯的時候，裨將趁著對方正巧用力拉著矛槍時，順勢把矛槍刺入他的胸膛裏。而敵人卻在此時自己用力將長矛拉向他自己的方向，讓矛槍刺穿己身，移動身子，要靠近裨將做最後的一擊，裨將就在他近身的時候，抽出佩刀，砍殺而死。這個敵人一殺死，裨將看見另一個敵人逃跑，便向前追趕，可惜他的速度慢，縱然極力追逐，總隔

●昔日的鄒族人。

著那麼一段距離，漸漸的他們要攀越一處山嶺，那逃掉的敵人雖然沒被追上，卻也始終甩不掉他，那一段上坡的路已經筋疲力竭，眼見二人的距離逐漸縮小，裨將正想衝出最後的氣力追上去，那敵人已翻越山嶺，連滾帶爬的衝向陡斜的來路。無奈的留下一個生口逃回去，裨將只得忍著已經磨破兩股皮肉的疼痛走回去。

在溪畔殲滅其他敵衆的特富野衆人清點人數後，發現裨將佛尤不知去向，便同聲吶喊呼叫著佛尤，可是都聽不見回音，一行人都以爲他陣亡，便心懷愁憂走回。等衆人行到最後尚能眺望極遠處的山峯時，一個同伴建議大家不妨在那裏做最後一次的呼嘯，如果沒有回音，那就肯定已被敵人所殺。於是全體夥伴便用盡氣力，高聲呼嘯著，那遠颺的聲音越傳越遠，已經要消失的當兒，忽聽見幾座山後一聲微小的回聲，衆人先是狐疑，嘗試再發一聲，那聲音仍舊回答著，大家才轉爲欣喜。每隔一段時間，衆人便發出呼聲，裨將所發出的回音也越來越近，越來越清晰，等候了大半天，裨將趕上了，兩股間已經是一片血肉模糊了。原來爲要追趕逃敵，不覺已跑了很長的路。直到現在，衆人聽到裨將回音的地方仍稱作「布阿烏」（野青鳩），因爲衆人在那裏聽見的回音微弱得像遠處青鳩鳥發出的聲音那樣。

衆人整理隊伍之後，一行人欣喜的趕回社

●鄒族祭典中出現不必要的裝飾—花籃。（浦忠成／攝影）

裏。這時原本裝在繩袋中敵人主將的頭顱，卻咬齧著繩袋，並發出聲音怒罵征將；征將對他說：「我的靈魄比你旺盛，所以今天才能制服你，你就服氣吧！」敵將也說著：「我也殺死你們不少人，我比你還要厲害！」一路上二個就不停的爭吵著。回到社裏之後，按著慣例把敵首插在竿上豎起，並舉行敵首祭典。據說那隻敵人主將的頭顱會冒出火花，火花飛迸到旁邊的聖樹雀榕上，那靠近的雀榕就枯了。所以曾經有一段時期，特富野的聖樹雀榕有一棵是枯的，人們都說那敵人主將的確也有極強的靈魄才會如此。

據說那個逃回去的人一回到敵社裏，跟社裏的長老說明征途所發生的事之後，就因精疲力竭而死；那位長老搖著頭說：「我不是曾經告訴過你們，千萬不要侵擾那些穿紅色衣袍的鳥，誰招惹了牠們，牠們一定會報仇的！」（或者說「千萬不要越過那裏的紅色土地，住在那裏的人受到侵擾是一定會報仇的！」）

講述：石純美（六十五歲）
浦勇民（七十八歲）

●昔日由麻線織成的網袋也改由尼龍線取代了。（浦忠成／攝影）

地點：特富野社
時間：一九九一年四月五日
〔附記〕社址距特富野二公里，今已無人居住。敘述者述及敵我勇武情狀，均洋溢敬佩神情。舊址、巨石等仍可見及。

智慧的戰爭

特富野美人計

清朝的某一個時期，特富野社受到瘟疫的肆虐，死了許多的人口，只倖存三十個壯丁，和少數的老弱婦孺。札哈姆（今台南）方面的清兵知悉這樣的事，想起特富野壯丁們勇武慓悍的作風，都認爲應當藉這一個機會出兵，一舉消滅特富野社，並搶走婦女。衆議已決，便擇日出兵。

由於當時清人與鄒人往來極多，此一消息便傳到特富野社裏。部落首長與長老們以及領導壯丁的征將——尤俄熱拇，聚集公廨商議應變的方法。商議之後，大家都明白，由於現在己方的人少，不能像以往力敵，只能智取；於是先派部落首長，即汪家的雅伊布谷（亦有人說係當時的尤俄熱拇）順著曾文溪下到台南向當時的清廷官府求情；又派出社中年輕的婦女裝扮後，亦順曾文溪而下，等待清軍。

特富野社的代表到台南，並向當時的官長求情，官長回答，你來的太慢了，要上山的一千名軍隊早已開拔了。無奈的鄒族代表只得彎下身子，束緊所著的鹿皮鞋帶，又沿著曾文溪回社。當他走到半途，忽然看見河水都染成血紅色，大驚之餘，想到自己的族人已經被清人殺滅，禁不住悲傷起來，但脚步仍然加快。等走了一段，卻看見河水被血染浸得更濃更紅，孤獨悲傷的求和者霎時又振奮起來，因爲他清楚社裏僅有的人數被殺，血液根本不能將溪水染得那樣殷紅。又走過了一段路，他遠遠見到兩個人循著溪畔跌跌撞撞卻又分不開似的奔逃下來；待他仔細觀看，原來這兩個人的長辮子被綁在一起，雙手也被反縛著，大概是倖免被殺，留下生口回去要報信的。他想想這些上山想襲滅族人的清軍居心可惡，仍然橫下心腸，抽出直刀也把他們砍落在溪流裏。

原來那些受命迎接清軍的婦女們在順著溪流走下之後，便在沙米箕社附近的溪畔相遇；清軍看見前來相迎的竟然不是男丁，而是鄒族年輕的婦女們，先是滿頭霧水，接著領頭的婦女對他們說「我們社裏的男丁只剩下少數老弱而已，知道不能跟你們相對，因此讓我們前來迎接你們，幫你們背負攜帶的物品，希望你們到達社裏，能手下留情，不要消滅我們。」帶兵官不疑有他，心中竊喜，就讓鄒族的婦女帶領著上山，到了夜晚，全體軍兵門就和鄒族的婦女同在溪邊休息，有的官長還以鄒女的腿膝爲枕；鄒族年輕的婦女們甜言蜜語，讓所有的軍士們的士氣鬆懈了。聽說當時有個清兵頭枕在鄒女腿上打鼾聲大作，鄒女忍不住說了「現在打鼾，不多時你就要腐臭了。」

次日清晨，全體人又一起向社裏進發，領頭的婦人見到敵兵的心防已經渙散了，便授意婦女們在每回渡河的時候幫著清兵帶槍，趁機將槍口向下浸水，讓彈藥浸濕。

而這些心不在焉的清兵們果眞把槍交給鄒女們，就在渡河的時候，年輕的婦女們故意高高抓起衣裙，走在後頭的清兵一個個心神蕩漾，渾然不覺自己的槍彈已經被浸濕了。經過幾回渡河，全部的槍彈都已浸濕了；這時候他們也逐漸行到「瑪蔑斯必阿那」，那是男子們與她們約定埋伏的所在；這個時候婦女們有意無意的加快步伐，與隨行的清兵空出一段距離，清軍還不知道怎麼回事，溪畔的草林叢中突然灑出一把石子，這時婦女們便立即拔腿狂奔，而鄒族的三十勇士紛紛跳出，先用箭一一射倒前行的敵兵，等到兩方接鋒時，便取出矛槍，直刀刺殺、砍伐、殺聲震天，而原本士氣渙散的清兵想要舉槍射擊，卻連一發都擊不出，就在溪畔被鄒族的勇士追逐殺戮，他們的屍體被拋入溪裏，血流染紅了溪水。當時鄒族的勇士放走了兩名清兵，後來也被下山求和的代表殺了。還有一位躲在又高又險的崖上，只見他以手抱膝頭，不能藏好身子，被一位神射的勇士射中而死，所以那一次戰役，來襲的清兵盡被殺戮，有很長的時間都不敢入侵。

講述：汪健昌
地點：樂野村
時間：一九九一年四月二日

達邦社美人計

鄒族中北「茲歐烏」蕃勇敢強悍，智慧謀略兼具，並且充滿義氣。尤其是達邦社，知母朥大社（阿里山頂四社之中），留存最多祖先的功名譚。

從前，在未設置諸羅縣（嘉義縣）以前，本

●達邦橋附近的河谷就是傳說中清兵渡河的地方。（詹慧玲／攝影）

蕃所占居的地域乃隸屬於台南沙哈姆(sa-hamu)宮衙所管轄，對於官令極為服從。當時許多的漢人交換進入蕃界，欺侮蕃人且極為貪心，因此漢蕃間糾紛頻仍，他們極為暴虐，在蕃社內巡視時，若是白天發現有男子留居家中，便立刻斥責對方為何沒有出外狩獵，並毆打對方，要求給與少額的物品，謀得不當的利益。某次頭目為交換人（漢人）所打，因而激怒，最後將交換人斬殺。然而台南衙門並未審理此事便直接發兵討伐，蕃人亦無法保持緘默。

達邦社的頭目授計給亞瑪卡艾娃(yamaka-ewa)及比沙比奇(bisabiki)兩小社的美女，企圖以美人計瓦解軍官將士的心防，擊破大軍。這是因為兩社接近平地，社民經常與庄民往來，和漢人接觸的機會很多，言語能夠溝通。於是兩社的蕃女下到平地，迎接清兵，對他們哀述：「我們社裏的男子全部震懾於大人們的威勢，逃入深山之中了，剩下的只有我們這些老弱、婦女而已。我們將盡快導引大人們到蕃社去，請大人們不要傷害老人及幼兒，房子也不要任其荒廢。」另外，又誠懇地替官兵背負行李等，以各種方式來討好他們。如此一來，上自將校下至士卒，無一不被蕃女們的笑容所惑，而不知她們眞正的意圖。鬼迷心竅地聽信了蕃女們的話，夜晚毫不懷疑地露宿溪底，之中甚至連將校也以蕃女的膝為枕。蕃女們以甜言蜜語讓將卒們心神蕩漾，迷失自我。到了半夜，則偷偷爬起，在敵人寶貴的槍口注入水。這是因為當時蕃人的手上仍沒有槍，並曾因清軍擁有此一利器而嘗過苦頭，因此極為恐懼，此次的討伐亦苦思對策，希望將槍掠取到手。

次日早晨，清軍拔營，由於全都受到蕃女的誑惑，以為兇暴的頭目及壯丁必定是震懾於自己的威勢而逃竄了，社內將連一個留守抵抗的人都沒有，因此軍紀鬆散，大多數的士兵且把自己的槍讓蕃女背負。

如此一行進入曾文溪底，一來到達邦社的西南「艾烏扒卡那」(eupakana)，突然從右方的斷崖丟下一塊石頭。與此同時，蕃女們立刻將行李丟棄，奪了槍後便奔跑上崖或沒入草叢之中，一時之間官兵們全都驚愕地呆立現場。瞬間忽然草原上響起喊叫聲，急箭如雨般射下。清兵雖開始覺醒到中了蕃人的計謀，然而爲時已晚。前路爲蕃人所控，後路又已被截斷，右方爲斷崖絕壁，左方亦有深谷，而且多數的士兵又被奪去武器，實在不知如何是好。連剩下的槍也因火藥濕透而無法使用。而後頑強的蕃人們舉槍，猛然地突擊而來，官兵支持沒有多久便被消滅殆盡，血流成河，屍橫遍野，埋骨溪底。

——鈴木作太郎氏

〔附記〕此一傳說故事之異文較多，但內容結構十分穩定。婦女用計，足以媲美魯富都社婦女助陣的英勇。此故事足以明白昔日常循曾文溪赴台南地區。故事中對於內容的更動，可以看出相當的痕迹。

●盛裝的老婦人。（浦忠成／攝影）

魯富都社的勝利

英雄的骨頭

從前鄒族的魯富都社有一個勇敢善戰的人物；在作戰的時候，只見他在敵陣中衝前突後，敵人想要砍他、射他總不能如願；因此每次出征，只要領軍，一定可以大獲全勝。然而有一回他所帶領的隊伍出擊，雖然也戰勝了，在那一次的作戰行動中，他的舅子被敵人殺死，使妻子對他非常不諒解，認爲他沒有好好好照顧自己的親人；他內心也爲這件事感到遺憾與自責，常常想一死以贖過。

終於又得到一次出征的機會。他抱著此役必死的決心，在尙與敵方對陣的時候，便躺在地上裝死，希望敵人能衝過來殺死自己，可是等到敵人逼近了，他又忍不住起身接戰，殺死了不少人。這樣幾次之後，敵人決定全力殺死他一個人。敵方集合衆人一起包圍，一接近的時候，他突然起身拔起佩刀，向最靠近他的敵人揮出，竟然劃開其胸腹，並且伸手取出肝肉，大口齧咬，口中發出嘶吼的聲音，還在敵衆之後追擊，敵衆既驚且駭，又全部撤退。這時他想著，這樣子做法怎麼能死呢？於是拋棄了隨身佩帶的燧火器，這個時候原本依附他的作戰異能在刹那間都消失不見了，敵衆才能合力擊殺他致死。

在他生前，曾領軍消滅了好幾處敵社，過了很久的時間，那些敵社都長滿了粗大的松樹。當時那些殺死他的敵人想起這麼一個勇武的人，大家想起那時激戰的情況，便有人提議再去看看他留下來的屍骨，他們一行人到達之後，果然見到地上還留著一堆枯骨，甚中有一個人心仍懷著憤怒之氣，說道：「他生前曾經滅了我們好幾個部落，又殺了我們許多族人，讓我再擊打他的白骨頭洩洩心頭的怒氣。」於是撿起石頭擲擊地上的白骨，沒想到有一塊尖利的骨頭飛起，直擊這個人的喉嚨，深深插入，把這個冒失的人殺死了。

同行的人看見這樣的情況，都不禁深深懾服於他勇武的威力之下，沈默而不敢發聲，靜靜離去。

講述：汪健昌
地點：樂野村
時間：一九九一年四月二日

魯富都社防衛戰

從前有別族的人煽動斯布昆人（布農族一支）：「現在鄒族魯富都社的人很少，而且力量也不強盛，你們應該前去攻打他們。」斯布昆人果眞前來攻擊魯富都社．當時的大社在「胡胡烏柏」（橘林）。魯富都社的人看到斯布昆人前來攻擊，便叫婦女孩子到高處，並且交待她們：「妳們看我們跟敵人作戰，如果見披黑色外衣的人越來越少，妳們就回到特富野社。」婦女們看他們作戰了很久，穿黑衣人仍然很多，便說：「大概斯布昆人並不能打敗我們的男人」。過了一段時間，她們發現穿黑衣的人越來越多，她們說「斯布昆人並沒有打敗我們的男人，讓我們下去幫助他們吧！」她們就回去幫助男子們應戰。當時斯布昆人正要作最後攻擊，後來他們卻都被魯富都社的人殺死了，他們一共有五十五人，而魯富都社只有三十人。魯富都社的人留下一個活口，他們說：「把他綁起來，放他回去，告訴他的族人。」這次魯富都社的防護戰贏得了勝利。

講述：石芳蕙
地點：特富野社
時間：一九九〇年四月三日

〔附記〕魯富都在過去數百年中一直是北鄒四大社之一，早期是由特富野的移民所建立的部落，所以曾經常與特富野社結爲攻守的同盟，關係密切。然而此社因惡疾的侵襲和布農族人的移入，鄒族族人已很難再維持其純粹的部落特質。撫今而追昔，不勝慨歎。燧火器是昔日征將出征時發火問卜的用具，佩戴此物，則具神助之力。

●族人已難維持部落特質。（浦忠成／攝影）

●特富野社一景。（浦忠成／攝影）

●阿里山鄉各村位置及山地保留地範圍

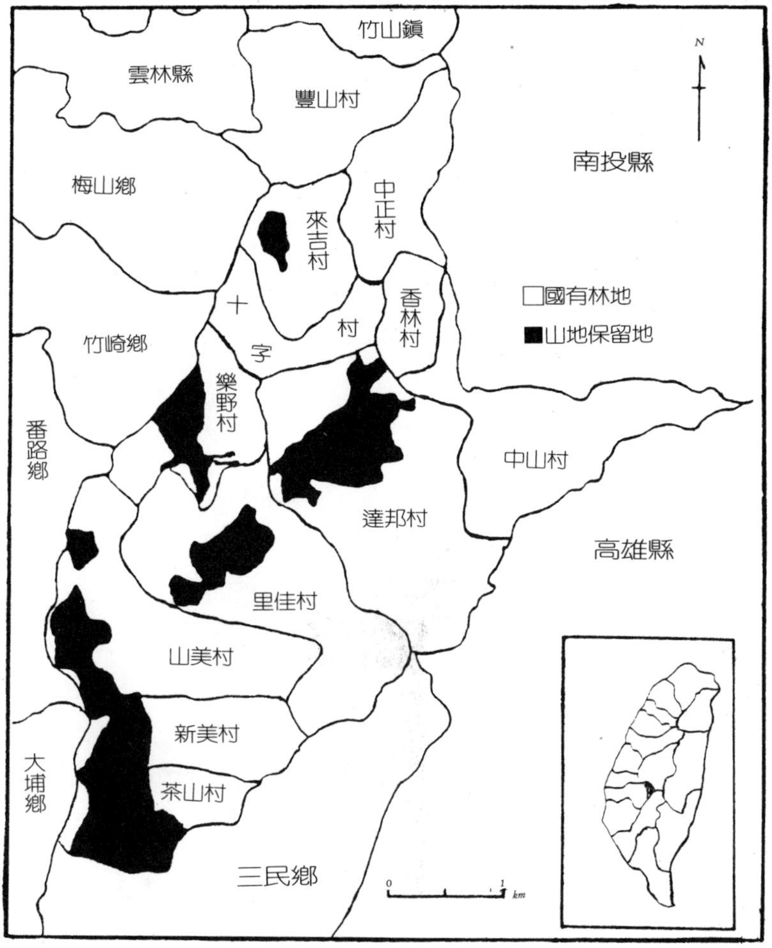

●資料來源：汪明輝〈阿里山鄒族傳統的領域〉一九九二年三月

狩獵怪譚

踢熊墜崖

從前有兩兄弟，他們從早上就開始犬獵，已經走了很遠的地方，也獵得幾頭鹿。弟弟已感到很疲累，哥哥卻對他說：「你繼續向前方打獵去吧！」弟弟聽見了有些惱火，一賭氣就跑到更遠的地方去打獵。他遇到一頭熊，跟牠搏鬥了很久，卻沒法制服牠，最後身疲力竭被熊拖走。熊不知拖了多久，經過一處懸崖，當熊正出聲呼喚小熊準備分食他的時候，他突然用腳踢熊，熊便墜下山崖摔死了，他才能脫險回家。

山上的叫聲

從前有人上山打獵，在山裏面聽一陣陣叫喊的聲音，他覺得那不是人喊出來的聲音，便拔腿逃走。叫喊的妖怪發現了，便在後面追趕他，他停了兩次，仍然聽見那妖怪叫喊的聲音，就加快腳步，急急的跑回家。由於受到驚嚇，他跑到家之後，沒有辦法說話，後來全家人都生病死去了。

心臟會說話

從前鄒族還不懂得祭祀各地神明的時候，經常會發生許多奇怪的事。有一個男子上山打獵，獵到一隻山羊。爲了搬運方便，就拿起獵刀支解，割到心臟的時候，忽然發出聲音，它說：「請不要割我！割我的話會很痛。」這個獵人心裏害怕，就把心臟丟了，馬上回家。

另外有一種說法是：獵人雖然聽到心臟哀求的聲音，但是仍然不動心，一刀就割破了心臟，心臟發出的怪聲才停下來。他回家把那隻山羊皮放在木架上，因爲木架滑，使羊皮落在地上，獵人撿起羊皮用力的擊打之後又丟到木架上，沒想到羊皮竟然飛回來，緊緊的纏在獵人身上，活活的把他悶死。

無頭弟弟

從前有一對兄弟到山裏打獵。到了傍晚，哥哥要弟弟先回到獵寮裏煮飯，正在煮飯的時候，有幾個敵社的人衝入寮裏把弟弟殺死，並且砍下他的頭帶走。哥哥不久也回來了，見到寮外有打鬥的痕迹，地上也有血迹，心裏感到不祥，便悄悄的探頭望向寮內，卻見到弟弟正坐在裏面。哥哥心裏正慶幸弟弟沒有出事，在靠近弟弟身後的時候，竟發現弟弟的頭已經被

●平地的小村落—觸口，往昔曾是鄒族的獵區。（詹慧玲／攝影）

砍斷了，可是弟弟還坐在那裏搗飯，並且用飯瓢挖飯送到脖子上的血口。哥哥幾乎要被眼前的情景嚇昏了，便轉過身逃跑，不小心踩斷地上一根枯樹枝，聲音驚動了沒有頭的弟弟，弟弟便起立轉身，舉起雙手，高聲的喊著：「等我！等我！」並一直在後面追趕著哥哥。

哥哥在前面拼命跑著，弟弟也不停的追趕，不知道跑了多久，哥哥已經跑近另一個正好有幾個獵人的獵寮，這幾個獵人遠遠就聽到一陣陣的呼叫聲，早就走出獵寮之外張望；不久他們看見哥哥正在死命的向他們衝來，幾個人便站穩身體，合力的抱住臉色發白，顯露極恐懼的哥哥，但是他的衝力太大，幾個人轉了三圈才能穩住脚步，緊緊的把他抱住。這個時候弟弟看見人多，便消失不見了。

其他的獵人拿一點水給他喝，他便慢慢能夠開口說話，再吃了一點稀飯，才能向救他的獵人述說他遭遇的事。

講述：汪健昌
地點：樂野村
時間：一九九〇年四月七日

吃人的山豬

從前有二個兄弟由魯富都社上山打獵。當時山上有一群數目很多的山豬，牠們長的像牛一樣大。那時候他們帶著獵狗，山豬就先吃掉獵狗，獵狗吃光了，山豬群就追趕這二個兄弟。

山豬追到弟弟，哥哥跑的快，沒有被追上，他回頭一看，山豬已將他弟弟吃了，他便拾起一塊石頭向旁邊一抛，山豬群便追逐他所抛出的大石頭，這樣才逃脫而回到家裏。

不久之後，他跟一個跑步速度非常快的人一同上山，他們找到這群山豬棲身的草原，便放火燒山，那群山豬都被燒死了，連一條「歐也弗烏」蛇也被燒死了。他們在都俄零戞這個地方找到被燒死的山豬群，一個個剖開牠們的身體，並切開丟給獵狗吃，但是獵狗並不吃吃過人的山豬。

野鹿變人形

從前有一個人在一處水池獵鹿。他射傷一隻鹿，這隻鹿逃走，獵人在後沿著足跡追踪，沿途見到嚼過的草渣，那是鹿拿來敷傷口的。獵人正感到奇怪，卻見到那隻鹿正在樹上，牠已變成人形，並用手按住受傷的大腿，獵人看見，非常害怕，正準備轉身，卻被他所射傷的鬼怪發現，牠立刻走過來抓他，他便被擊打在樹上而死。

●現代化的特富野社。（浦忠成／攝影）

水塘邊的妖怪

從前有一個叫雅巴蘇有烏的獵人上山打獵。他一共獵到三頭鹿。天色晚了，他就一一的把牠們背回獵寮裏支解，等快處理完，他吩咐孩子到附近的大水塘去提水，孩子便拿起竹筒前往大水塘。

他在獵寮裏處理好了三隻鹿，卻一直等不到孩子回來：感覺奇怪，便起身到水塘邊找孩子，卻找不到孩子。他心裏非常著急，回到獵寮裏，左思右想，得了一計，便切了一塊鹿肉，放在水塘邊，然後在一旁埋伏。過了一段時間，有一個妖怪出現了，正當它伸手取肉的時候，獵人便舉弓射出一箭，箭射中了妖怪，妖怪倒在地上：當時忽然刮起一陣狂風，獵人什麼也不顧，就急急的跑回社裏。一回到家，就開始生病，到了第五天就死去，大家都相信他是被妖怪害死的。

講述：石芳蕙
地點：特富野社
時間：一九九一年二月十日

獵鹿奇遇

昔有人到山上狩獵獲鹿，時近傍晚，則在石邊起火燒蕃薯，一邊忙把山鹿屠殺取肉。過了一會，想吃蕃薯，但蕃薯都已不知被誰偷光了。那人心想這一定是有人惡作劇的，爲要懲罰，就弄來了幾個蕃薯大小的石頭，把它當做蕃薯燒起來。

這樣過了不久，後面突然起了吵鬧之聲，但也沒有看見有人在那邊。那人越覺得奇異，諒必是妖怪作孽，不過他膽子大，那夜都在那邊過夜。

夜半，他聽見了怪異的聲響，馬上爬起來，可是身上所佩的刀早已不知被誰磨壞不能用，幸好祇聞那些怪異的聲音以外，並無別的事故，他纔能安然回家。

妖怪跌跤的地方

從前有一個獵人上山打獵，獵得一頭鹿。他把鹿擡回獵寮，並在那裏支解鹿體。當時天已經暗了，他也感覺餓，就在火堆裏烤幾個地瓜。等地瓜烤熟了，正要拿來吃，卻找不到所烤的地瓜；他又從網袋裏取出幾個地瓜放在火爐裏，等熟了，卻依然找不到；他知道一定是妖怪在那裏惡劇，便拿出隨身携帶的磨刀石放在火爐裏烤。這時妖怪又來偷，它覺到這回偷的地瓜太燙了，便捧著磨刀石跑到附近的溪裏想用水冷卻它；獵人聽得出妖怪動作的聲音，便取出佩刀在石頭上用力的磨起來，偷地瓜的妖怪聽見磨刀的聲音，再加上捧著的磨刀石很熱，一慌張就摔了一跤，便放下磨刀石逃跑。所以那個地方就叫做「柏也柏彭卡那」，意思就是「妖怪跌跤的地方」。

講述：浦勇氏（七十二歲）

地點：特富野社

時間：一九九一年二月八日

〔附記〕長期的狩獵生活，自然累積許多屬於山林的故事；鄒族有豐富的狩獵傳說，由其內容大抵可見出其早晚。

●穿越鄒族居地的阿里山公路。（浦忠成／攝影）

●日領時期的阿里山森林鐵路。

山林動物園

小鳥舉天

從前天空原來是很低的，它與地面上比較高的山相連接。有一天，許多的禽獸到高山上集合想舉高天空，卻沒有任何一種鳥獸有辦法舉起來。這個時候「維畏古兌」鳥說：「我可以把天空舉起來。」其他禽獸看牠身體那麼小，便一起嘲笑牠，但是維畏古兌鳥稍一用力舉高，天空就被舉高了，所以天空才那麼高。

當布亞烏鳥

鄒族族人認為「當布亞烏」鳥是一種凶鳥，牠的叫聲就像又粗又大的蛇一樣，誰要見到了，就一定會遭遇到不幸的事。每到傍晚的時候，當布亞烏鳥就飛來飛去，族人會躲在屋裏，免得見到這種不吉利鳥。從前有一個方姓的伊拇諸社人，在山裏以河莓作餌，設下圈套，結果捕到一隻當布亞烏鳥，這隻鳥還活著；方姓的這個獵人忘了禁忌，竟把這隻活著的當布亞烏鳥帶回家。到了傍晚，家裏附近便有另外一隻當布亞烏鳥飛來飛去，還不停的叫著令人害怕的聲音，而被捕的這隻鳥也一直回應著，他們只好放牠飛走。不久這家人統統生病死了，只留下一個婦人，她生下一個男孩，他被朱氏人家撫養長大，也爲他娶妻，靠著這個孩子，方家才又慢慢的興盛起來。

講述：湯保福

地點：特富野社

時間：一九九一年八月十二日

穿山甲與狐狸

昔有一穿山甲與狐狸爭論，並相約一較長短；二獸至一茅草原，相約：「今茅草乾枯，燃之，必成大火，吾等入其間，燒死者敗，不死者勝。」於是穿山甲先入草原內，掘地成穴，潛入其中躲藏；火熄後出穴，悠然坐石上。狐狸乃趨前問避火之法，穿甲答云：「集枯葉而自埋於其間，使火在其上燃過即可。」狐狸依言而行，待火燒至，狐狸遂被燒死。

穿山甲與黃葉貓

從前有一隻穿山甲與一隻黃葉貓，牠們的交情很好。有一天，不知爲了什麼原因，二個爭論起來，便相約較量，以決勝負。牠們一同來到一片茅草原，說了：「現在茅葉都枯乾了，如果點火，一定燒成大火，我們藏在茅草原裏，燒不死的人就算獲勝。」於是穿山甲先進入茅草原裏，挖掘洞穴，躲到裏面，等火熄滅了才

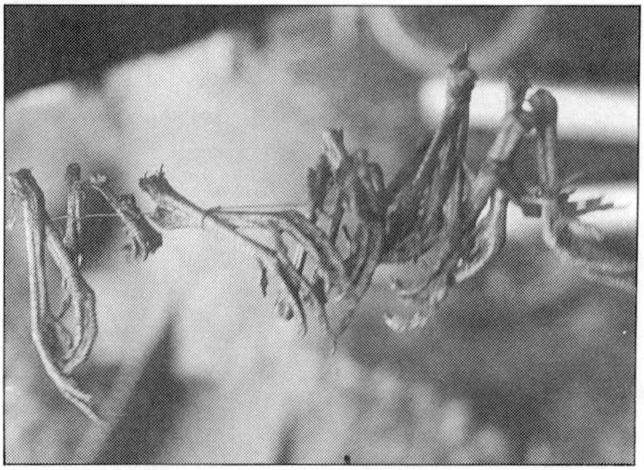

●鳥足還可以獵獲多少？（浦忠成／攝影）

又出來，得意洋洋的在石頭上吸煙。黃葉貓原以爲穿山甲一定被燒死了，卻見到牠安然躲過，便向牠請教避火的方法。穿山甲回答：「我把許多枯葉堆積起來，自己再藏在裏面，火燒過去就沒事了。」黃葉貓便依穿山甲的話做了。穿山甲放火燒起茅草原，枯葉一燒起來，黃葉貓被燒成焦炭，穿山甲可憐牠，便跑到河裏取水清洗黃葉貓，黃葉貓沾到水，又活了起來。黃葉貓知道穿山甲耍詐，心裏面惱怒不已，時時等待報仇的機會。

有一天兩個又一同出去，發現樹上蜜蜂窩，穿山甲只能張著嘴向上看，而黃葉貓立刻爬上樹，用手探入蜂巢，取蜜而食，自己先飽食一頓後，便拿剩餘的蜂蜜，沾附肛門，然後丟給穿山甲，穿山甲拿來一聞，卻覺得臭氣沖天，原來上面有黃葉貓的糞便，心裏面大怒，但是牠又不能爬樹，對黃葉貓也無可奈何。

講述：汪阿市、石純美
地點：特富野社
時間：一九九一年八月十二日

貓頭鷹的由來

從前有一戶人家，父母要出門到別地方參加一場宴飲，留下孩子們在家裏；臨走前母親再三叮嚀孩子，假如聽到家四週發出「咕伊！咕伊！咕伊！」聲音的時候，千萬不要模倣著叫。父母剛走了，四週果眞有「咕伊！咕伊！咕伊！咕伊！」的聲音不停叫著；開始時孩子們還聽父母的叮嚀，不去學著叫，後來那樣的聲音都沒有停過，孩子們不知不覺也忘了父母叮嚀的事便學著「咕伊！咕伊！咕伊！咕伊！」的叫聲；原本在家四週發聲的鬼怪就襲擊這些孩子們，並把其中一個人剁成肉塊放置一堆；就在這個時候，外出的父母回來，那種發出「咕伊」聲音的鬼怪身體就像又圓又大的編竹環欄，父親一進屋裏便手取來矛槍刺殺牠，並且用腰刀也把牠剁成一塊塊的肉骨，每剁一塊，每一塊肉便化成鳥，邊叫著「咕伊！」邊拍動翅膀飛走了。被剁碎孩子的骨肉因爲被堆置一起，所以後來竟能復生。

由於發生過這麼一件事，那個地方便叫「咕

伊阿那」（貓頭鷹之山）；這種禽鳥喜歡吃成熟的蕃石榴，因此在那個時候便容易聽見牠們的聲音。每到夜晚孩子哭鬧不止，父母往往會說「再哭個不停，小心咕伊要來了！」再愛哭鬧的小孩也會停下來的。

講述：浦勇民夫婦
地點：特富野社
時間：一九九二年一月二十九日

狐狸叨走公雞

從前有一個長得十分活潑可愛的男孩，他經常在白天的時候跑進社裏，還和其他的孩童們玩耍；可是到了傍晚，就見不到他的蹤影，大家就覺得很奇怪，卻也想不透他到底回到什麼地方。後來有人準備了又細又長的繩子，等男孩又出現了，就偷偷的把細繩繫在他身上。傍晚了，男孩走出社裏，一夥人就沿著細繩子追蹤，走了好一段路，他們發現細繩子就向著一處石洞裏；於是躡手躡脚的走近洞口，向裏面一望，正巧看見男孩跑向一隻母狐，隨即躺臥在牠旁邊吃奶，他們才知道這個男孩原來是狐狸所養的。他們很想把男孩帶回去，便趁著母狐假寐的時候，帶著男孩走了；這個時候狐狸起身，一直跟在後面。走到家，他們就拿了幾樣覺得狐狸喜歡的東西想送給這隻母狐，可是看了很久，母狐似乎都不喜歡；這個時候正巧在庭院中有一隻大公鷄，母狐指指公鷄，大家才知道，原來狐狸喜歡鷄，就送那隻公鷄給牠，母狐很高興的叨著鷄跑走了。

講述：湯保福
地點：特富野社
時間：一九九一年八月十日

〔附記〕穿山甲、黃葉貓故事的流行，不僅鄒族有，其他族也極易見到，是典型的動物故事。舉天故事也分布在各地，只是主人翁轉換而已。

蛇和孩子們

蛇尾巴燒焦

從前有一個婦人跟蛇妖變成的人住在一起。有一回她拿起掃帚掃屋子內，蛇妖看了，對她說：「妳怎麼把那些孩子們也掃掉了呢？」原來她把地上的小蛇也掃走了，這個時候她還不知道同住的是蛇妖。後來蛇妖告訴她：「那個木匣子千萬不可以打開，那是老祖父睡在那裏。」因為好奇，她趁著蛇妖不在，便偷偷打開木匣子，一看，原來是一條很粗的蛇在那裏蜷伏著；她驚叫一聲，害怕極了，就趕快逃跑。

她一直跑，後來她跑到「桃阿由」神那裏，把她所看見的都告訴桃阿由神。桃阿由神就發出號令召集所有蛇類，所有的蛇都來到桃阿由面前，只有原先藏在木匣子的粗蛇心裏憤怒所以才慢吞吞的過來。等全部的蛇都到齊了，桃阿由神覺得蛇類對人們實在是有害的，便下了決心要把牠們統統除去。他拿起手杖，用力的擊打在地上，忽然一圈烈火把所的蛇圍起來；這一圈烈火把所有的蛇都燒死了只有一條沒有被燒死，只是牠的尾巴已經被火燒焦了。現在蛇的尾巴好像被火燒焦了，就是由於那一次桃阿由神燒蛇之後留下來的痕迹。

講述：石朝家
地點：茶山村
時間：一九九一年二月五日

蛇孩子的故事

㈠從前達古布雅烏社有一個男孩子上山，聽到小孩哭鬧的聲音。他向前一看，原來有一條蛇捲著一個小孩子，並且還舔著他。他一舔孩子，孩子就變成一條蛇，舔完了又變成一個人。他感到孩子非常可憐，便抱他回家。他先拿地瓜餵孩子，孩子不願意吃，再用小米，孩子也不吃；後來拿米粉餵他，他才肯吃；孩子長大以後，臂力很強，十二、三歲時候社裏面已經沒有人能跟他較量了。有一天，敵人來襲；社裏到溪邊汲水的人被殺死，並被取走了頭顱；全社的男丁全部武裝，緊急出發，去追擊敵人。只有他慢慢的穿起作戰的服裝，並且拿了八條藤來束緊腰腹，再從男子會所跳下，但藤條都斷了。他又拿八條藤重新束起來，這一次藤條不再斷折，他便像風一樣狂奔而出，沒有多久，就追上先出發的社人；他自己當作先鋒，跟敵人交戰，當敵人想要砍殺他的時候，他忽然變成一條大蛇；殺死敵人之後仍然回復人形，敵人不能抵抗，便全部被消滅了。

講述：湯保福
地點：特富野
時間：一九九〇年三月二十日

㈡從前有一個婦女，每回她上山工作的時候，總會聽見一條蛇在不遠的地方叫著；起先她並不意，後來日日如此，她就有一點疑惑，有一回便十分仔細的聽蛇的叫聲，聽了一會兒，蛇叫聲停止了，再過一會兒，有一個小男孩出現，她問不出是那一家的孩子，便把他帶回家撫養。

等到孩子長大了，也像一般的青年上山打獵，但是他比一般人更擅長於狩獵的技藝，只要上山打獵，總是滿載而歸。每到要出門的時候，他會領著母親到屋外，聽遠近發出的野獸叫聲，聽見又大又肥的野獸叫了，便問母親：「母親，您想不想吃這隻野獸的肉呀？」母親回答：「如果孩子你能夠擒住牠，當然是很好的事囉！」孩子很快就衝上山去，不要多久的時間，他就扛回那原本還發出凶猛叫聲的野獸來；就這樣，母子二人過著舒服快樂的日子。

不過母親還是慢慢發現了令她驚奇的事，譬如她們母子一同走在路上，母親常見孩子總是不斷咀嚼著什麼，開始她問孩子，孩子回答：「我吃檳榔呀！」後來母親小心觀察，原來他沿途捕取青蛙之類進食；還有一次母親窺見他進入一處洞穴，便趕緊跟了上去，卻發現洞穴外還留了一段蛇尾。這時她才省悟，原來所收養的竟然是一條蛇。

過了一段時間，母親又上山工作，在路旁見到一條很粗的蛇；回到家裏之後，見到孩子正在火旁烤著火取暖，便對他說：「今天我見到一條好粗的蛇！」孩子若有所思的點點頭。過了一段時間，忽然有一條極粗的蛇接近正在烤火的孩子，並且不斷的去舔他，大蛇舔過的地方，馬上就轉變成蛇身。大蛇舔遍之後，孩子又回復蛇形，兩條蛇便一起離開，再也不回來了。

後來這個婦人還曾聽過一回蛇的叫聲，但是

●介於傳統和現代中的鄒族老人—汪義益、陳宗仁。（詹慧玲／攝影）

她不願意再去仔細的靜聽，因爲她已經害怕，不願再見到牠了。人們都說那是蛇母親帶回牠的孩子。

〔附註〕講述人補充：古時候鬼怪之類見人孤單可憐，有時候也會化身而來幫助人；由於牠們並不是眞正有大權力能力的神，所以也只能幫助一些時候，而不能救贖人。（採錄人按：講述人信仰眞耶穌教會。）

講述：浦勇民夫婦

地點：特富野社

時間：一九九二年二月三日

●祭舞搬進城市中表演。（浦忠成／攝影）

奇人逸趣

善跑的雅皮謝

從前有一個叫雅皮謝亞西烏古的人，他跑步的速度很快。工作做完了經常由社裏跑到玉山下的亞馬西雅那溪去洗頭，而回家的時候，所洗的頭髮仍是濕的。那個距離由平常的男人來回要兩天的時間。他沒事的時候，也常在河裏由這一邊豎起一排石頭到另外一邊，然後在豎起的石頭上快跑，等他從河的這一邊跑到另外一邊的時候，回頭一看，起跑點上豎立的石頭才開始倒下。

另外也有一個跑得很快的達古布雅努人，雅皮謝常常跟他一起比快，每回都是雅皮謝獲勝，因此這個達古布雅努人心裏一直都不痛快，總想找機會勝過雅皮謝。後來他們碰巧在拉拉烏雅底下的「竹脚」相遇；達古布雅努人逮住這個機會向雅皮謝挑戰。雅皮謝問達古布雅努人競賽的方式；竹脚這個地方有很多陡斜的石壁；達古布雅努人人說：「我們就一前一後的跑過眼前這一段石壁，那一個跑不過去，就算那一個輸了，而且勝方要把輸者的頭砍斷。」雅皮謝接受了挑戰。比賽一開始，雅皮謝吸足氣，脚步又快又穩，一陣風似的就跑過石壁；他回頭一看，正好看見達古布雅努人只跑到石壁的一半，便因衝不過而滑倒，人墜落到河床下；雅皮謝便趕到河床上，依約把對手的頭顱砍斷。

後來其他的達古布雅努人一直想殺掉雅皮謝報仇，他們常常在路上埋伏或攔截，雅皮謝只是加快脚步，達古布雅努人就不能逮住他。後來達古布雅努人用箭射他，還是不能傷他分毫。

伊拇諸社的巨人

講述：汪健昌
地點：樂野村
時間：一九九一年二月十四日

㈠從前伊拇諸社有一個長得很矮小瘦弱的男子，常常被衆人嘲笑。他的父母也常爲這件事發愁，並千方百計尋求能讓他長大的方法。有一天，他母親忽然想到公豬閹了之後，便能長得肥大，如果把孩子閹了，也許孩子也能長得大一些，有一天便閹了他們的孩子。幾個月之後，他們的孩子便長得很高，走在樹林中間，頭往往還會高出檜樹之上。他出外打獵時，只要跨越溪谷，用力搖撼兩岸的叢林，讓野獸逃出，跑過他的胯下，再用兩掌合擊而殺死。後來他因爲身體太大，不能住在家裏，只好以山洞爲家。他的母親每天都給他送食物。自從他的身體變得很大之後，由於感到許多的不方便，就開始恨他母親替他所做的事。有一天他母親又來送飯，巨人突然就把她勒死了；雖然如此，同社的人也不敢懲罰他。曾經有別族的人看見巨人獨處，便一同包圍攻擊他，反而全部被他殺死。後來巨人患病，身體虛弱，有一百隻熊一起來攻擊他，把他給吃了。

講述：陳庄次
地點：來吉村
時間：一九九二年四月二日

㈡昔山中有一個體軀矮小的人，常被人欺辱，因此，母親很擔心此事。她看了人家用閹猪的方法，把猪的睪丸閹後，使其體重增加。於是，也對兒子施用了閹術。果然此後，兒子的身體變了又高又大，不幾個月就長得比檜樹樹梢還高的巨人。

他有怪力，打獵時，兩脚跨於谿間，一攬了兩邊的樹木，一一將驚走的動物捻死。他因身體大，沒有辦法住在家裡的房子，則在山裡的洞穴起居，三餐也由母親帶來給他吃。

但是這位巨人却埋怨母親，以爲自己變成這樣醜陋的巨軀，都是因她所致的。有一天，看見母親來，就把她一抓抓死。如是，他竟犯了殺母的大罪，但家人及衆人也無可奈何他。不久，有個凶番來射了他的足脚，衆人乘此虛勢，想要抓捕，但凶番反而被殺，不易下手。不過又過了不久，他生了一場病，身體漸衰弱，剛好於那時有一百隻山熊猛擊他，這蠻惡的巨人遂被吞噬而死。

●有豐富生活經驗的老人，是族人的文化寶藏—方清芳。

●陳宗仁

●武義德

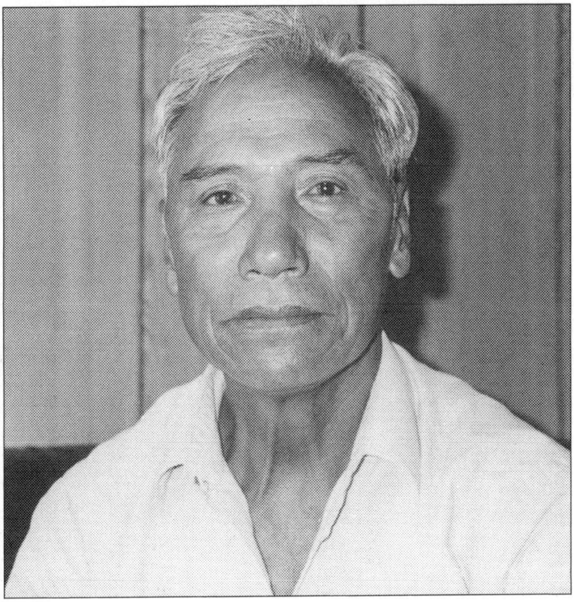
●石耀昌

饒舌的老人

從前有一個很喜歡找別人串門子，閒磨菇又愛吹牛、辯論的老人，他的名字叫雅皮謝；另外也有一個也喜歡談天說地的老人叫阿發伊的；大家看到他們都會趕緊逃開，因爲萬一被他們盯上留住，便得忍受他們沒完沒了的談話。

有一天適巧這兩位老人要出門，兩個人都頂起了藤簍，準備到附近的路上去採豆。那是大清早，二人在路上相遇，兩位饒舌老人之一的雅皮謝因爲還有別的事，所以在走近阿發伊身旁的時候先微向路旁，想讓阿發伊走過，心裏想今天還有別的事，千萬不要跟人閒聊；沒想到阿發伊卻先有心卻也無意的把手杖橫阻在路上，就站在路中央開始講起話了；雅皮謝見去路被有意無意的阻攔了，也只得立在那裏答腔，漸漸的兩個人談興漸濃，才發現還頂著要裝豆的藤簍在頭上，於是就一同取下，於是感覺這樣講話舒服多了。不知又談了多久，發覺這樣站著說，兩腿都痲了，於是有一個人就提議不如坐下談，於是兩個人眞的就坐下談話；就這樣兩個人又談了許久；後來另一個人發現用手抱著藤簍、頭再倚著它，這樣談天更舒服，於是兩個人又改變了姿勢，手抱著藤簍，腮幫子就倚著藤簍，繼續不停的搬弄口舌。兩個人由大清早一直過了中午，又談到天要暗下來了，還不肯停下，這時候夜晚才飛出來的貓頭鷹發出叫聲，兩個老人才發覺話眞已講了不少，但是仍然感到意猶未盡；那種貓頭鷹的叫聲像「咕伊！咕伊！」那樣，阿發伊還想在最後佔個上風，於是便說了「雅皮謝！你們那裏的朋友是怎麼稱呼這種鳥呀？」雅皮謝便回答：「我們都稱牠爲咕伊呀！」阿發伊這時得意洋洋的接著說：「我們那裏的人都稱呼這種鳥爲咕伊挪戛瑪耶（喜歡吃蕃石榴的貓頭鷹）！」他自認爲今天總算勝過雅皮謝，因爲他講的多了一點，於是二人才慢吞吞的分手而回。

講述：武義亨，莊英池，洋知丁
地點：里佳村
時間：一九九二年二月七日

大陰人

從前有一個人，他有很大的陽具，可以裝滿一整個網袋。從山上打獵回來，如果見他背了兩隻網袋，那就表示他獵獲了野獸，一袋是他的陽具，一袋是獸肉。有一次有人問他：「如果敵人忽然出現並且追趕你，你怎麼辦？」他回答：「我會趕緊把它裝進網袋裏然後趕快背著跑走」。有一回他們正在山裏走著，忽然有人惡作劇大叫一聲「敵人來啦」，他卻來不及把陽具裝入網袋裏，只好拖著在地上，他們跑過荊棘林中，陽具被扎了許多刺。回家之後，便釀酒以供替他取出扎入陽具上針刺的人飲用。幫他取刺的人共三十人，十五個人在一邊，另十五人在一邊；而他的妻子則在他陽具的另一端也幫著取刺。

講述：湯保福
地點：特富野社
時間：一九九〇年八月十日

笨丈夫

從前有一個人用筌捕魚，但總是捕不到一條魚，每回他拉起所放的捕魚筌，裏面全是茅桿和小石頭。因爲始終都捕不到，他心裏很不高興，便不再捕魚。他的妻子去看他所放的魚筌，原來開口是向上的，因此就捕不到魚。他的妻子就重新施放魚筌。結果她捕到的魚居然裝滿一整隻魚筌；她的丈夫看到了，也高興得跳了起來。他們就挑了一些比較大的魚來煮。煮魚的時候，丈夫沒事就從鍋上跳過來又跳過去，同時嘴巴不停的說：「我要吃那一條大的！我要吃那一條大的！」結果他踢倒了煮魚的鍋子，魚鍋整個翻覆著，裏面所煮的魚都跌碎了，而且沾上泥土，再也不能吃了。

講述：汪阿市
地點：特富野社
時間：一九九一年四月五日

〔附記〕這些傳說故事有奇有趣，令人驚歎，引人微哂，它們都能充分表現民間各樣人物的情態，那是極其珍貴的。

愛情故事

蚯蚓與少女

從前有一個尚未結婚的女子，她想製一張木凳，就上山砍木頭。她砍了一株合適的粗木頭，雖然中間有一個小洞穴，她也不在意。製成木凳後，她坐在上面，覺得好像有什麼東西搔她的陰處，使她的精神放蕩起來。她拿起木凳一看，原來木頭中央的小孔裏，有一條大蚯蚓。她便自言自語的說：「原來就是它讓我感到快樂啊！」從此她很喜歡坐在上面；每到出門時，一定把木凳藏起來。後來她的母親發現女兒由田間工作回來之後，一定拿出木凳坐在上面，而且心神恍恍惚惚的，她心裏覺得奇怪，有一次就趁著女兒出門，偷偷拿出木凳察看，發現原來木凳中藏了一隻蚯蚓，才明白其中的道理，便用沸水注入孔裏，把蚯蚓燙死。她的女兒回家之後，又拿出木凳坐在上面，這回卻沒有任何感覺，奇怪之餘便拿起一看，裏面的大蚯蚓已經死了，她心裏非常悲傷，以後就一直悶悶不樂。不久她懷孕了，後來產下了好幾條蚯蚓。

蚪蚪變成人

古時某家有一女子，陰與一陌生男子往來；一日男謂女曰：「我將參與祭舞，請以布帶借我。」女與之，並詢其居處；男答云：「至河邊，我家即在其處。」某日，少女至河邊，不見家屋，惟有水潭，有蚪蚪群集，共執少女前所與布帶；少女取帶，蚪蚪皆落，僅一隻不肯離，少女擊之，投於地，其頭觸地面而倒。少女持帶返家，至夜晚陌生男子又來，女問：「你家究竟在何處！我到河邊並未見到人家。」其人不答，但言頭痛，少女乃悟而言：「我知道你是蚪蚪，可怕！可怕！」男子便抱頭而去，不再出現。

交合而不能分開的人

從前有一個男子，他的陽具很大。有一天夜裏，他跟一個婦人交合，卻不能拔出；到了天亮的時候，他們仍然躲在房裏面。女子的母親叫她起床，卻沒有回答的聲音。他便打開房門一看，見到一個陌生的男人跟他女兒同在床上。母親想牽起女兒，女兒卻不能起身；母親驚慌之下，便招來家人，分別捉住二人的手臂拉開，仍然不能分開。最後只好把他們掛在樑柱上，這個時候陽具折斷了，二人才得以分開；但是男人當場死去，女子被救起，她陰戶裏的龜頭不久也自行脫出。

山豬情郎

從前在曾文溪有一個達古布楊社，這個社有很多人，所以也曾發生不少流傳至今的故事。據說曾有一隻山豬化作俊美的男子，認識社裏一位年輕未嫁的女子；後來每到晚上這隻山豬就化作人形，到這位女子家中夜宿，過了很久，這個女子並未查覺她的情郎其實是一隻山豬化成的。後來有一天夜晚，女孩的哥哥在夜晚回家時，恰巧撞見山豬化作人形進入妹妹房裏，他就守在家門口，等妹妹的情郎又化爲山豬時用長矛將牠殺死，這個時候妹妹才知道自己深愛的情人竟然是一隻山豬變成的。

這隻能化成人形的山豬被殺死之後，便有許多的山豬聚集在一起，牠們都是附近許多山裏

（浦忠成／攝影）

●形顏依然，只是能否唱出族人的歌謠？（浦忠成／攝影）

（詹慧玲／攝影）

來的。牠們聚集了成百成千，便一齊奔向達古布揚社；當時達古布揚社的人知道有一大群的山豬要來攻擊，便把所有的人都招集到男子聖所裏。不多久，山豬群來了，由於聖所的支柱很高，山豬沒有辦法爬上去，牠們只好在聖所底下、四周奔走騰躍、咆哮怒吼，聖所上的武士便拿起弓箭一一射倒山豬；等箭射完了，山豬仍然多得數不了，就只好取出長矛作近距離的刺殺。後來他們所殺的山豬堆積得已經跟聖所一般高，於是山豬群衝過其他已被殺死的山豬屍堆上，進入聖所內一陣狂咬亂劃，便把聖所內的所有男女都殺死了，而原本負責刺殺山豬的武士到最後也都被山豬圍攻而死。

當時社裏有些男丁到雅馬西亞那的山區去打獵，回到社裏一看，看見所有的人都已被殺死了；他們檢視一遍社裏零亂的情景，知道是一群山豬所為；一行人便循著山豬的足跡，一路追踪。他們首先在阿紮紮尼那裏的大草原發現山豬群停留的地點，但是還沒來得及用火攻，山豬群又已起身繼續出發了。他們又緊緊的跟踪著，後來判斷山豬群要前往雅古幽紮那山的大草原！便趁著山豬群剛到達雅古幽紮那山的時候，一把火點燃那裏適巧乾燥的草原，猛烈的大火吐出一片片的巨大火舌，把所有的山豬都燒死了。聽說從那時起，山豬的數量就少了。

講述：石朝家

地點：茶山村

時間：一九九一年二月二日

〔附記〕初民的社會中，人類與動植物的關係是極為密切的；這些故事顯示的就是那樣的情境。據族中長老言「達庫布揚」社（部落已滅，餘衆往依鄒族部落）從前有許多動植物化人而作怪的事。導致該社滅亡的一次內鬥事件係因該社名「雅迪歐」者殺死情敵，致二派人馬互攻，造成極大的傷亡。

靈異塔山

塔山上的白衣

從前特富野社裏有一對非常相愛的年輕男女。每到傍晚時分，一定看見他們兩個手拉著手，在社裏散步遊玩，大家都非常羨慕他們。可是有一天，男子突然生病，而且很快就病死了；女子十分悲傷情郎就那樣永訣，常常一個人難過的唱起他們以前喜歡唱的情歌。有一次，正當她又一個人在那裏憂傷的悲吟，那死去的情郎突出現在她面前，她簡直不敢相信，撒嬌的跟他說：「你爲什麼丟下我不管？即使你死了，我也要跟你一起去。」她的情郎原本猶疑，經她再三懇求，他才同意帶她一起走。

他拉著她的手，走到塔山裏，那裏有進入的洞穴口，走進去之後，見到那裏有許多房屋，也有許多人住在那裏。她就跟情郎濃情密意的生活在一起；每隔一段時間，她就回到娘家裏探望，並且帶一些糯米酒到塔山裏。有時候她的家人也會帶著酒送到塔山下，看見洞口有長矛豎立就把酒擺在一旁，忽然就會看見裝酒的竹筒進入洞穴裏。他們知道酒已經被接受而取走了。

過了一段時間，女子生了一個漂亮的嬰兒，她特地跟情郎以及他的家人回家，也帶著孩子見見外公外婆。她的家人設下豐富的筵席，只見飲宴的時候，杯碗在桌上移動，裏面所盛的食物飲料也都一一被吃盡，就是見不到人影，而談語笑聲，也同常人。後來做外婆的想抱漂亮的外孫，伸手一抱回懷，外孫馬上變成樹根，送回他母親手上，又馬上變成原來漂亮的嬰孩。等到要分別的時候，女子告訴她的父母：「我這次回來是最後一次了。將來我死的時候，在塔山石壁上會懸著我所穿的白衣。」過了很久的時間，人們見塔山石壁上果眞懸起一件白色的衣服。大家都知道她已經死了，永遠伴著她心愛的情郎。據說那件白衣到現在仍然高高掛在險峻而難攀的塔山石壁上，供人憑弔。

塔山裏的世界

講述：陳庄次
地點：來吉村
時間：一九九二年四月二日

從前有一個男子帶著狗去打獵，看見一山羊。追到塔山的時候，山羊跑進洞穴內，獵人也隨著進去。他在洞裏聽見有些聲響從深處傳來，感到奇怪，便鼓起勇氣繼續向前進；不久就碰到一個人；這個人叫獵人閉起眼睛，過了一會兒，獵人一張眼睛便看見一座很高大的房子，進屋內，有好幾個人熱情的迎接；其中還有一位年輕的女子，他們兩個很快就結成了夫妻。住了幾天，他又帶著狗出去打獵，狗看見蛇就追趕，看見野獸反而不去追，因此整天都沒有什麼收穫。他只好回去告訴家人，家人跟他說：「你所看見的蛇，牠實在就是鹿；如果再見到蛇，就應該射殺牠。」第二天，他又去打獵，按他妻子所說的做，果然獵到一頭鹿。他住在那裏有一段時間了，便想回去看看，就跟他的妻子說了，妻子就跟他約定五天就接他回來。獵人回到社裏，到了回社的第五天，他的妻子並沒有按照約定來迎接他。一直到出洞的第五年，獵人突然死去，大家才知道他的妻子來接他走了，而人間的五年，相當冥間的一天而已。

講述：陳庄次
地點：來吉村
時間：一九九二年四月二日

〔附記〕塔山是鄒族人觀念中靈魂的歸宿，那裏有許多引人神往的故事。

●現在可見的掃墓用品。（浦忠成／攝影）

鄉野傳聞

河裏的鬼

從前有一個人在夜裏到溪邊叉魚蝦，他叉了很久，卻一直都沒有見到一條魚蝦，但是仍然不死心。不久，他看到一具似乎是溺斃而順水漂流的屍體，頭髮很長，正好就漂過眼前。他心裏雖然驚怕，仍向上游找尋魚蝦，不久之後，屍體忽然間又轉了回來，他便急忙逃跑，那裝成屍身的鬼也上岸追趕。叉魚的人跑回屋內，趕緊把門關上。平日他就在屋後堆了一些茅桿，準備當柴，鬼怪就拿茅桿不停的刺入牆隙，他就順手用力把茅桿拉入屋內，再丟到火裏焚燒。後來他還是生病死了，人們都說，一定是他犯了那個鬼怪，所以鬼怪會想盡辦法來害他。

講述：石芳蕙（七十歲）
地點：特富野社
時間：一九九二年二月五日

矮人族

(一)古時在玉山北方，有矮小人種，皆穴居，形如小兒，能藏匿芋葉下；攀登豆莖，莖不斷折，其體雖小，而臂力極強，又巧使刀槍，曾與布農族爭戰，後不知所住。

㈡玉山東邊縱谷亦有矮人居住，與矮人隔河相對而居者係一食人種族，身材高大、膚色黝黑，常捕他族小兒，納入網袋，攜回殺而食之，惟戰時擊斃之死屍則不食。曾有鄒族一孕婦遭擄，在其地產子，後俟其子長成後同逃歸社，並以其事告族人。

食人族

從前鄒族有一個女子嫁到「卡由布由阿那」族，她生下一個男孩。當時男孩已能自己走路，公公跟她說：「妳到地瓜園裏挖一些地瓜回來。」她的心頭預感到一絲不祥，但又不敢違抗，便趕緊挖一簍地瓜，回到家裏，她的公公說：「我們已吃了一頓，你的那一份，我們擺在那邊的竹筐裏，自己拿了去吃吧。」她走過去一看，原來就是她孩子的頭。她故意說：「我現在還不餓，等一下再吃好了。」隨後就偷偷的溜出來，匆匆忙忙的要逃回社裏。卡由布由阿那族的人發現她逃走了，幾個人就帶著一隻狗追她。追捕她的人漸漸逼近了，她找了一處地瓜園，揭起地瓜蔓條，躲在蔭蔓底下；卡由布由阿那人所帶的狗正巧平時日都由她餵食，牠走過她藏身地點的時候，只是搖了搖尾巴，並沒有吠叫；因此追捕的人並沒有發現她，等他們走遠了，她又起身跑走，後來才能安全的回到社裏，並把自己遭遇的事告訴族人。

講述：汪阿市
地點：特富野社

亡魂索食

古時有一家，早餐後留吃剩食物於家中，全家便赴田工作，傍晚歸來，剩食已一無所存，家人皆奇之。翌日便留一人於家中，藏於被下窺視。俟家人皆外出，犬亦隨之，埋於屋內之已亡親人竟出土，繞屋索食；其面瘦無肉，色慘綠，先拾食落地飯粒，再至爐旁，以殘火炙足而食之；留屋窺視之男子毛骨悚然，兩腿顫慄不止；亡故之人聞之，以為犬返，乃入土而沒。

●日本人走後，留下的豈僅是破舊的房舍而已？（浦忠成／攝影）

樹靈

㈠曾有兩個兄弟，兩人極其友愛。有一天，弟在茄冬樹(suveeu)下休息，卻突然死去，哥哥見了，十分氣憤，便携來直刀砍伐那棵樹。他整天砍伐，到傍晚的時候，只剩下最後一刀，便用盡所有的氣力，奮力一砍，而樹在此時，突然連著莖幹枝葉飛到對岸，化成一塊巨石，到今天有人經過的時候，還能聽見人的聲音。那塊石頭就在特富野社對岸大崩山邊，前些時間還看得見，後來所在的位置坍塌了，也許已不在那裏了。

講述：湯保福（七十二歲）
地點：特富野社
時間：一九九二年一月三十日

㈡昔日流流柴社有兩個兄弟。一日，弟在奴穆樹下休息。不久，却不知什麼緣故，竟死在樹下。兄怒極了，遂遷怒於那棵大樹，非把它砍倒不可。然而樹木過大，怎樣砍也不容易砍下來。不過爲了報仇，兄再接再厲，化了整日的工夫，那麼大的老樹，只剩下幾刀，似乎就快被砍倒啦。於是，奮勇地砍伐了最後幾刀，忽見那樹發出巨大的聲響，飛向對岸而去了。

那棵大樹，今雖已化成石，如果走近其旁，尚能聽出似人那般的聲音。據說，此爲樹靈之所以致的。

——異文

被擄婦人的故事

從前有一個懷孕的婦人被蔑弗諸人抓走。被帶走的時候，她在路上不停的折斷細小的樹莖；抓她的蔑弗諸不知道她的用意，沿途也隨著她不斷的折斷樹莖。她被帶到夢弗諸的社區裏，不久便生下一個男孩，以後就與抓她的蔑弗諸人住在一起。

她的孩子慢慢大了，也常隨著蔑弗諸人上山打獵，雖然他表現得很好，但是蔑弗諸人卻經常責打他；他心裏非常的奇怪，便問母親；母親告訴他：「其實你並不是他們的孩子，我們的家也不在這裏。下次你跟他們上山打獵的時候，向四方望一望，如果看見遠方有開墾的田野，那裏就是我們的家園。」孩子隨著蔑弗諸人上山，果然看見遠方開墾的田野，便回來告訴母親。他們便偷偷舂好一些小米，準備在路上的食物，等到準備妥當了，便偷偷的向家園的方向跑走。他們找到被抓來時走過的路，看見以前折斷的樹木，它們再生的莖幹，都已經長得很粗了。他們走過漢人所住地方，這些漢人擔心蔑弗諸人追到他們，便叫他們在那裏躲起來。

沒有多久，追捕他們母子的蔑弗諸人果然追來了；他們詢問漢人是否看見有人經過；漢人回答：「他們已經走了很久，你們絕對沒有辦法追到他們。」蔑弗諸人心裏非常失望，便坐下來痛哭；原來漢人把這對母子藏了起來。等蔑弗諸人回去，他們又繼續走回家，走到家的時候，天色已經暗了下來，他們先在屋外牆邊；她吹起了竹口琴，她被擄走時遺留下的孩子聽了，說：「這竹口琴的聲音眞像已死去的母親所吹的。」她的母親就跑到水塘，拿起以前所置放的石頭，大聲而激動的說：「這塊就是以前我所放置的石頭呀！」全家人才又相聚在一起。

講述：湯保福、汪阿市
地點：特富野社
時間：一九九〇年八月十日

哭泣而丟失的孩子

從前有一個人家在山上開墾，父母工作的時候，哥哥便在附近照顧著弟弟。有一天弟弟一直哭鬧不停，母親雖然聽見了，卻裝著沒聽見而不加以理會。後來漸漸聽不見哭聲，好像是孩子要哭死了，母親這才放下工作跑去看孩子，可是她一直找都找不到他們，只看見背帶綁在一塊大石頭上。母親非常悲傷哭了起來，還不停的喊著：「孩子啊！趕快回來！」但她的孩子們再也沒有回來。

〔附記〕矮人故事普徧存在，也許年代久遠，族人僅能描述極模糊的印象，不能稱爲故事。現今鄒族人祭祀或葬埋要準備供物，其因即〈亡魂索食〉故事內容所敘。〈被擄婦人的故事〉也流行在布農族的部落裏，只是部分情節單元並不相同。

●在荒僻山野建立家園。（詹慧玲／攝影）

國立中央圖書館出版品預行編目資料

台灣鄒族的風土神話／巴蘇亞・博伊哲努（浦忠成）著. ——第一版. ——臺北市：臺原出版：吳氏總經銷, 民82

面；　公分. —（協和臺灣叢刊：33）

ISBN 957-9261-37-7（平裝）

1.鄒族—社會生活與風俗

536.295　　82002559

●協和台灣叢刊33●

台灣鄒族的風土神話

著者／巴蘇亞・博伊哲努（浦忠成）

校　對／何　安・浦忠成・李志芬
發行人／林經甫（勃中）
總編輯／劉還月
執行主編／詹慧玲
編　輯／李志芬・蔡培慧
美術編輯／呂光明
出版發行／臺原藝術文化基金會
臺原出版社
地　址／台北市松江路85巷5號（協和醫院地下室）
電　話／（02）5072222
郵政劃撥／1264701～8
出版登記／局版台業字第四三五六號
法律顧問／許森貴律師
地　址／台北市長安西路246號4樓
印　刷／松霖彩色印刷公司
電　話／（02）2405000
總經銷／吳氏圖書公司
地　址／台北市和平西路一段150號3樓之1
電　話／（02）3034150
定　價／新台幣二二〇元
第一版第一刷／一九九三年（民八二）六月

ISBN 957-9261-37-7